August Sturm

Der Kampf des Gesetzes mit der Rechtsgewohnheit

ein Beitrag zur Lehre vom Gewohnheitsrecht

August Sturm

Der Kampf des Gesetzes mit der Rechtsgewohnheit
ein Beitrag zur Lehre vom Gewohnheitsrecht

ISBN/EAN: 9783743415461

Hergestellt in Europa, USA, Kanada, Australien, Japan

Cover: Foto ©Suzi / pixelio.de

Weitere Bücher finden Sie auf **www.hansebooks.com**

Der

Kampf des Gesetzes

mit der

Rechtsgewohnheit.

Ein Beitrag

zur Lehre vom Gewohnheitsrecht

von

Dr. jur. August Sturm,

Appellationsgerichts-Referendar.

CASSEL 1877:

Georg H. Wigand.

Seinem lieben Vater

~~ **Julius Sturm** ~~

gewidmet.

Der wissenschaftlichen Behandlung der Controverse, ob Gesetze durch Gewohnheit aufgehoben werden können, stellt sich von vornherein eine besondere Schwierigkeit entgegen. Gesetz und Gewohnheit gelten als Rechtsquellen, — zu keiner Zeit aber war für das gemeine Recht die Frage nach den Rechtsquellen so bestritten wie heut, wo sie durch den Zug des Zeitgeistes, überall den Staat und sein Gesetz für das Verkehrsleben als Regulator anzurufen, und nicht mehr wie früher die Entwicklung der rechtlichen Zustände dem Leben allein zu überlassen, zu einer der wichtigsten Fragen der Jetztzeit geworden ist. Wenn wir also, um die Macht der Gewohnheit gegenüber dem Gesetz zu untersuchen, den Begriff des Gesetzes und der Gewohnheit aufstellen wollen, so erkennen wir, dass sich die Frage nach diesen Begriffen erst nach Lösung der Vorfrage, woher wir überhaupt den Inhalt der Rechtsordnung gewinnen, genügend beantworten lässt. Wir haben also zuvörderst die Theorien von der Entstehung und Fortbildung des Rechts zu prüfen, aus welcher Prüfung sich der Grund und der allgemeine Begriff von Gesetz und Gewohnheit von selbst ergeben wird. Wie sich ergibt, kann hier nicht von der Gewohnheit an und für sich sondern nur von der Rechtsgewohnheit die Rede sein; daher ist es unsre Aufgabe, an zweiter Stelle die bestimmten Erfordernisse der Rechtsgewohnheit aufzustellen. Erst dann werden wir im Stande sein, Gesetz und Gewohnheit im prägnanten Sinne einander gegenüber zu stellen, ihre Wirkungen zu beurtheilen und daraus zu entnehmen, ob Gesetze durch Gewohnheit aufgehoben werden können. Den Schluss wird ein kurzer Ueberblick der Stellung der neuen Gesetzbücher zu dieser Controverse des gemeinen Rechts bilden. — Vor der Zeit der historischen Schule nahm man an, das Recht entstehe durch die bewusste menschliche That der Gesetzgebung, welche in der Summe der Gesetze das Recht selbst, ein dem Volke von vorn herein fremdes Etwas, schafft. Demnach war das Recht nur das Product legislatorischer Willkür, eine Versöhnung des subjectiven nationalen Rechtsgefühls mit der zwingenden Thatsache des Gesetzbuchstabens anzubahnen, daran dachte jene mechanische Auffassung keineswegs. Erst die Savigny-Puchta'sche sogenannte historische Theorie [1]) hat das grosse Verdienst gehabt, diese Auffassung zu beseitigen, indem sie dem Recht eine nationale Grundlage gab. Nach dieser Theorie ist das Recht die gemeinsame nationale „Ueberzeugung", der „Volksgeist", das nationale „Bewusstsein" in Betreff der Verkehrsverhältnisse. Gesetz und Gewohnheit sind nur Erkenntnissquellen des vor ihnen vorhandenen Rechts, welches beide entbehren könnte, wenn man es nur aus anderen Erkenntnissquellen zu schöpfen wüsste.

Das Gesetz spricht die Volksüberzeugung aus und legt das vorhandene Recht dar; die Gewohnheit allein führt höchstens zu solchen Regeln, für die eine Ueberzeugung nicht gut denkbar ist, und welche unwichtig und nur der äussern Ordnung wegen vorhanden sind. Unbewusst und naiv sollte sich dieses Recht entwickeln; der Macht der Ueberzeugung erschliesst sich der Geist der Völker und ohne Kampf treten die Rechtssätze in's Dasein. Ihering nennt die Idee, dass sich das Recht thatenlos bilde wie die Pflanze des Feldes, eine wahrhaft romantische, d. h. eine auf einer falschen Idealisirung vergangner Zustände beruhende Vorstellung. In der That widerspricht diese Theorie der Wirklichkeit auf das entschiedenste. Die Volksüberzeugung ist noch nie der

---

[1]) cf. Ihering, Geist des Römischen Rechts II. p. 24 ff.

Grund der Geltung eines Gesetzes gewesen, sie hat höchstens Einfluss auf dessen Entstehung gehabt. Wer wollte diesen Volksgeist erforschen und wo bliebe die Gesetzgebung, wenn es auf subjective Ansichten ankäme, ob ein Gesetz Geltung haben soll oder nicht? Gänzlich vernichtet wird dabei der Begriff der Gewohnheit. Wir könnten aus der Römischen — und Deutschen — Rechtsgeschichte unzählige Gesetze anführen, die auf Volksüberzeugung zurückzuführen reine Ironie wäre, und wir brauchen nur an die auf Gewohnheit sich stützende Geltung der fremden Rechte in Deutschland zu erinnern, um zu zeigen, dass selbst gegen die Rechtsüberzeugung und gegen den Volksgeist Gewohnheitsrecht sich bilden kann. Die historische Schule ging bei allem Verdienst darin zu weit, dass sie die Macht des Willens, die Willkür, den Kampf der Interessen ignorirte. Sie versetzt, wenn der Vergleich erlaubt ist, die Entstehung des Rechts in ein Paradies und nicht unter die kämpfende Menschheit. Dass die historische Theorie keinen Grund für die Geltung dieser Rechtsüberzeugung anzugeben wusste, folgt aus der Natur der Sache; Puchta selbst sagt, sie gelte aus dem Grunde, aus welchem überhaupt Völker existiren. Diese von der Gegenwart bekämpfte und durch das Leben selbst widerlegte Theorie erfuhr zuerst durch von Scheuerl [1]) den erfolgreichsten Angriff, indem dieser aus der Unmöglichkeit, mit Puchtas Theorie die Thatsache zu erklären, dass sich in der Kirche, einer Menschengesammtheit innerhalb der verschiedensten Völker, eine besondere Rechtsordnung entwickelt, die Folgerung zog, dass eine Theorie, welche das Gewohnheitsrecht der Kirche nicht zu erklären vermöge und zu einer von Christus der Kirche verliehenen Autonomie ihre Zuflucht nehmen müsse, unmöglich die rechte sein könne. Scheuerl stellte daher den Satz auf, dass die wahre Bedeutung der Gewohnheit die sei, die natürliche notwendige Aeusserung eines einheitlichen Bewusstseins der Gesammtheit zu sein. Die Folge von diesem Angriff war, dass Savigny

---

[1]) Dove, Zeitschrift für Kirchenrecht IV.; p. 186; 1862.

bei ins Einzelne gehenden und gleichgültigen Bestimmungen die Uebung nicht als blosses Erkenntnissmittel, sondern als einen nach dem Gesetz der Continuität mitwirkenden Entstehungsgrund gelten liess. In der Gegenwart aber hat die gemeine Meinung den Widerstreit der „spiritualistischen" Theorie mit dem realen Leben erkannt, und nur eine kleine Zahl der Autoren [1]) (Gerber, Göschen, Thöl und Stobbe) hat dieselbe noch jetzt beibehalten.

Wir haben gesehen, dass die Definitionen von Recht und mit ihnen die Begriffe des Gesetzes und der Gewohnheit von einer materialistischen Ansicht ausgingen, welche von der spiritualistischen Ansicht der historischen Schule besiegt wurde. Wir werden nun darzulegen haben, wie die Gegenwart darnach strebt, sowohl jene rein materialistische Anschauung des vorigen Jahrhunderts wie jene spiritualistische Ansicht der historischen Schule zu überwinden. Der Satz, den die vorigen Jahrhunderte aufstellten, rief in der historischen Schule seinen Gegensatz hervor und diese historisch-dialektische Entwicklung findet in der Gegenwart in einer höheren Versöhnung ihr Ziel. Will man dieser modernen Ansicht einen Namen geben, so dürfte, da sich einmal die Ausdrücke „materialistisch" und „spiritualistisch" eingebürgert haben, dieselbe als die „reale" Auffassung des Rechts

---

Anm. [1]) Eine eigenthümliche Ansicht stellt neuerdings Böhlau (Mecklenb. Landr. I p. 315 f.) auf: Das Recht ist die gemeinsame Ueberzeugung der in rechtlicher Gemeinschaft stehenden, aber diese Rechtsüberzeugung ist nicht anwendbar. Praktisch ist nur das erkennbar gewordene Recht und erkennbar ist das Recht nur durch Gewohnheit. Mehr als Aeusserung aber ist diese Gewohnheit nicht, denn das Recht ist vor ihr vorhanden. Böhlau erkennt in der Rechtsübung der Gesellschaft als Gesellschaftswillen einzig das Recht und sieht im Gesetz kein Recht sondern nur Staatswillen. Diese die Codification consequent verwerfende Theorie stellt die Rechtsüberzeugung als Dogma hin, indem sie das Recht undefinirbar nennt, weil die Ueberzeugung undefinirbar sei. Sie ist widerlegt, wenn nachgewiesen ist, dass das Recht keine Ueberzeugung ist. Uebrigens dürfte der Satz „Gesetz ist kein Recht" andeuten, dass auf diesem Wege eine Versöhnung des subjectiven Willens mit dem über ihm stehenden objectiven, zwingenden Willen nicht abzusehen ist.

zu verstehen sein. Wir können die spiritualistische Auffassung immerhin als ein Ideal beibehalten, aber bei einer Frage, die es mit dem Recht, wie es wirklich ist, zu thun hat, können wir mit einem Recht, welches nach den Ausdrücken seiner eigenen Vertreter „unangewandt", „unerkennbar", „unpraktisch", „undefinirbar" und „unconstruirbar" ist, auf keinen Fall eine Lösung finden.

Schon Savigny hatte zugegeben, dass die Gewohnheit auf die Entstehung der Rechtsüberzeugung grossen Einfluss haben könne, aber nur bei gleichgültigen Bestimmungen. Viel weiter ging Kierulff (Theorie des gemeinen Civilrechts 1839 p. 7 f.) mit der Behauptung, dass es das Wesen des Gewohnheitsrechts sei, dass aus einer gleichgültigen, factischen Gewöhnung Recht entstehe; die wiederholte Gleichmässigkeit einer bestimmten Handlungsweise bringe eine gemeine Meinung des Volks von der Notwendigkeit seines Handelns hervor. Die späteren Autoren halten neben der Rechtsüberzeugung die Uebung für ein begrifflich notwendiges Requisit des Gewohnheitsrechts, weichen aber im einzelnen weit von einander ab. Die herrschende Meinung, welche Unger (Oesterreich. Privatr. p. 37 f.) mit Recht als solche ausspricht, geht dahin, dass die Gewohnheit weder die Entstehungsursache des Rechts noch die blose Erscheinungsform desselben, sondern vielmehr eine Entstehungsform des Rechts sei. So wenig das Gesetz ohne Publication, so wenig sei die Volksüberzeugung ohne Gewohnheit Recht, denn alles was Recht sei, müsse äusserlich erkennbar sein. Auch Windscheid [1]) erkennt in der Uebung die hervortretende Ueberzeugung der Uebenden, dass das, was sie üben, Recht sei, und sieht in dieser Ueberzeugung den Grund der verbindenden Kraft, und Baron versteht unter Gewohnheitsrecht die im Verkehr fortdauernd geübte und von der Ueberzeugung des Volks getragne Rechtsnorm. [2])

---

[1]) Windscheid Pand. § 15.
[2]) Aehnliche Ansichten finden sich bei Wächter, Handb. des Würtemb. Privatrs. 1842 II p. 32, Mühlenbruch Pand. § 38, Sintenis Pand. p. 21, Roth Bair. Civilr. § 9, Haimerl im Magazin für Rechts-

In allen diesen Theorien wird consequent die Wahrheit ausgesprochen, dass die Rechtsüberzeugung ohne die Uebung ein juristisches Nichts ist. Dabei wird aber doch stets die Ueberzeugung des Volks von dem, was Recht sein soll, zu Grunde gelegt und in der Uebung nur eine Art „Publication" [1]) dieser Ueberzeugung gesehen. Jede Ueberzeugung aber, und wenn sie die Ueberzeugung aller Einzelnen wäre, ist ein subjectiver Begriff, und es ist nicht abzusehen, wie dieselbe Recht schaffen soll.

Ja wenn Alle davon überzeugt sind, dass bei einem Geschäft eine bestimmte Regel gilt, und diese Regel geübt haben, so könnte selbst bei der energischsten Ueberzeugung Aller doch daraus nie die Macht eines objectiven Rechts entstehen. Die *opinio necessitatis* ist keine „Ueberzeugung" sondern das „Gefühl" des Gebundenseins an die thatsächlich vorhandene Ordnung des Verkehrs und damit ist die thatsächliche Ordnung eine Rechtsordnung geworden. Diese Macht der sich objectivirenden Rechtsordnung ist aber eben der Grund des Gewohnheitsrechts. Dies erscheint freilich hier als These gegen These, wird aber ausführlich begründet werden.

Ehe wir diese unsre Ansicht näher begründen, haben wir noch drei Theorien zu erwähnen, welche auf dieselbe von wesentlichem, wenn auch sehr verschiedenem Einfluss gewesen sind, nämlich die Theorien Beseler's, Stahls und Adickes'! Beseler vertritt den Standpunkt der historischen

---

und Staatswissenschaft VII p. 41, Vangerow Pand. 1 § 14. Dagegen verlangt R. Schmidt (Theorie und Methodik des bürgerl. Rs. 1848 p. 212) und E. Meier (Rechtsbildung in Staat und Kirche 1861 p. 8—17 u. 23—27) wieder ein Mitwirken der Gesetzgebung.

[1]) cf. Bruns in Holtzendorffs Encycl. p. 322: „Die Opposition gegen Puchta will immer, wie er selbst, eine unmittelbare Gesetzeskraft der Gewohnheit deduciren, und kommt dadurch wieder auf das Princip der Gesetzgebung, den subjectiven Willen, zurück; entweder klar mit offner Proclamation der Autonomie, oder unklar durch die Parallele mit der Gesetzespublikation." In der That haben Weisse, Eichhorn und Reyscher angenommen, dass das Gewohnheitsrecht durch Autonomie entstehe.

Schule insofern, als er annimmt, dass das Recht sich unmittelbar im Volksleben wie die Sitte und die Sprache entwickle und in dem Bewusstsein des Volks lebendig sei. Da wir das objective Recht als einen Machtbegriff auflassen, können wir Beselers Begriffe des Volksrechts, Juristenrechts und Gewohnheitsrechts nicht als Rechtsbegriffe annehmen,[1]) dagegen ist für die Entstehung der Rechtsgewohnheit Beselers Auffassung von grosser Bedeutung. Beseler betont nämlich, dass es nicht allein auf die Dauer der Uebung sondern auch auf die Häufigkeit der Handlungen ankomme, wenn auch eine gewisse Dauer nöthig sei. Nun ist es aber auch für eine Anschauung, die nur das „eigentliche" (cf. Beseler im Nachtrag I. p. 21.) objective Recht als Gewohnheitsrecht gelten lässt, von der grössten Wichtigkeit, darauf hinzuweisen, dass nicht nur die lange Dauer, sondern auch bei kurzer Dauer die daneben hervor tretende Häufigkeit der Handlungen dazu beitragen kann, die *opinio necessitatis* d. h. das Gefühl des Gebundenseins an die thatsächlich vorhandene Ordnung des Verkehrs, zu erzeugen; dass es z. B. bei einer aus dem Rechtsgefühl des Volks und der Natur der Sache entsprungenen thatsächlichen Ordnung des Verkehrs auf schnellerem Wege geschehen wird, dass sich dieselbe aus einer thatsächlichen Ordnung in eine sich unbewusst objectivirende und das Volk zwingende Rechtsordnung verwandelt, als bei einer Andern, bei welcher als kämpfende Elemente die Macht eines dem Volksgefühl entgegenstrebenden Juristenstandes, Ergebnisse des Zufalls und der Willkür den Sieg erringen, lehrt uns die Rechtsgeschichte unsres eignen Volks. **Je nachdem die Entstehungsgeschichte des Gewohnheitsrechts gestaltet ist, wird seine Macht gegenüber dem Gesetz sich bald früher bald später wirksam zeigen.** —

Die zweite Ansicht, welche für unsre Auffassung ins Gewicht fällt, ist die Ansicht, welche Stahl in seiner Rechts- und Staatsphilosophie (B. II., p. 242 f.) ausspricht. „Im

---

[1]) cf. Bruns loc. citat. pag. 322.

ganzen Rechtsgebiet," heisst es dort, „muss nach dem Charakter des Rechts beides da sein, inneres Bewusstsein und äussre Verwirklichung; desswegen sind wiederholte Anwendung und eine gewisse Dauer wesentliches Erforderniss, eine rechtliche Gewohnheit zu begründen." Der Grund der bindenden Kraft ist nach dieser Ansicht eben das Ansehen des Rechts d. h. der äussern Ordnung über den Menschen. Die Rechtsnormen entstehen theils durch Gewohnheit, weil sie durch sie Bestandtheile dieser Ordnung werden, und es ist so nicht die Entstehung der Gewohnheit der Grund ihrer Geltung sondern ihr Bestand;- theils entstehen sie durch Gesetzgebung, weil sie von der Autorität ausgehen, welche die bestehende Ordnung bezeichnet. Es ist also nicht die nationale Ueberzeugung der Grund der bindenden Kraft des Rechts, das Recht hat diesen Grund in sich selbst, nur hat es ihn seiner Natur gemäss nicht blos in seiner Idee sondern zugleich in seinem äussern Bestand. — Es könnte beinahe scheinen als ob diese Ansicht mit der unseren identisch wäre, da das Resultat bei beiden ziemlich dasselbe ist. Der grosse Unterschied liegt aber darin, dass bei Stahl die Macht dieser bindenden Ordnung nicht das objective Recht selbst, sondern die Macht einer gegebenen Weltordnung Gottes ist, welche das Recht erzeugt und ihm Ansehn verleiht; so ist denn der wahrhaftige Grund der bindenden Kraft der Gewohnheit die Macht Gottes, die in der Gewohnheit das Handeln der Menschen bestimmt. Damit ist die Abgötterei mit dem Gewohnheitsrecht auf die äusserste Spitze getrieben! Nicht als eine fertige Rechtsordnung ist uns das Recht geworden, nur die Anlagen, das Gefühl für das Recht sind in die Nationen gelegt, und damit bleibt dem Recht der höhere Ursprung; aber mit diesen Gaben ausgestattet sollen die Nationen nicht die Hände in den Schooss legen und abwarten, was nach und nach als Recht zu Tage tritt, sondern sollen handeln und kämpfen, um sich die objective Alle beherrschende Rechtsordnung zu erringen, die, insofern sie des Volkes eigenste That ist, die Versöhnung in sich selbst trägt. Stellte

Puchta die Entstehung des Rechts gleichsam in ein Paradies, so verwies sie Stahl so zu sagen unter unsterbliche Götter, und verkannte, dass bei dem Ringen nach der Rechtsordnung unter unvollkommnen Menschen auch unlautre Mächte den Sieg davon tragen können, ein Irrthum, von dem sich Stahl um so weniger überzeugen mochte, als das daraus entspringende Resultat der Verwerfung jeder Codification mit seinem System übereinstimmte.

Wir sehen also, dass wir zu dem Resultat, dass die Rechtsgewohnheit auf einer Macht des Rechts über das Volk beruht, von einem ganz verschiedenen Standpunkt aus gelangen und desshalb ganz andere Consequenzen als Stahl daraus zu ziehen haben.

Wenn wir nun zum Schluss noch der Ansicht von Franz Adickes („Zur Lehre von den Rechtsquellen etc. 1872) gedenken, so geschieht dies einerseits um zu beweisen, welch' irrige und gefährliche Ansichten noch in jüngster Zeit über die Natur der Rechtsquellen hervortreten, anderntheils um an dieser an der gemeinen Lehre von der „Rechtsüberzeugung' fest haltenden aber durch Consequenzen daraus völlig scheiternden Theorie als an einem interessanten Beispiele zu zeigen, dass das strengste Festhalten an der so einfachen Lehre vom objectiven Recht und die Vermeidung aller subjectiven Begriffe bei einer Frage nach dem Gewohnheitsrecht wie dem Recht überhaupt in der Gegenwart dringend geboten erscheint.

Auf die Frage nach den Rechtsquellen antworten nach Adickes die wirklichen Rechtsquellen nicht, denn die Geltungskraft der gesetzlichen Bestimmungen ist bestritten, und die zweite Rechtsquelle, die gemeinsame Rechtsüberzeugung oder das Gewohnheitsrecht stellt nur einzelne Sätze auf und lässt uns bei allen Fragen, rücksichtlich welcher verschiedene „Ansichten" existiren, im Stich. Mithin muss man die subjective Vernunft unmittelbar als Rechtsquelle setzen, weil man aus ihr die Sätze über die Rechtsquellen schöpft, und was man für Recht hält, muss man auch für unmittelbar anwendbares Recht erklären. —

Schon dieser Eingang lässt die gefährlichen Conse=
quenzen ahnen. Mit der Lehre von der subjectiven Vernunft
als Rechtsquelle wird nun weiter das positive Recht zu be=
seitigen versucht, und es wird ein Irrthum genannt, dass
das Individuum gerade berechtigt sei keiner Norm rechtlich
unterworfen zu sein als dem Gesetz und der Gewohnheit.
Da nun aber die subjective Vernunft eine Rechtsquelle ganz
besonderer Art sei, „vage, unbestimmt und nebelhaft," so
wird die Vernunft des Richters als die normale bezeichnet,
der Richter „verdeckt den Mangel des positiven Rechts."
Weil ferner die Vernunft anerkennen muss, dass anwend=
bare Rechtssätze nur aus dem objectiv gegebenen Bestand
der äussern Verhältnisse gewonnen werden, ist auch die
Natur der Sache eine Rechtsquelle. Mithin entströmt nach
Adickes das Recht vier Quellen: dem Gesetz, der gemein=
samen Rechtsüberzeugung, der Natur der Sache und dem
Gewohnheitsrecht.

Dass es für die Lehre von den Rechtsquellen nur für
Adickes eine Lücke im Recht gibt, werden wir weiter unten
darlegen. Wohin aber die hierfür für nöthig gehaltene Ent=
scheidung der subjectiven Vernunft führt, zeigt der Satz,
dass es die Richter sind, welche mit ihren Entscheidungen
allgemein bindende Rechtssätze aufstellen; diesen Richtern
soll sich der Einzelne unterordnen, nicht, weil sie ihm sein
Recht sprechen, sondern weil sie, Halbgöttern gleich, die
normale Vernunft haben! Dass der Richter durch Analogie
Recht anbahnen soll, dass er gerade recht objectiv sich an
das positive Recht anlehnen soll, sind Sätze, die man freilich
einer Ansicht, die sich auf das Orakel ihrer subjectiven
Vernunft verlassend das Recht selbst leugnet, nicht entgegen
setzen kann. Aber Adickes geht noch weiter! Nachdem er
den Begriff des Gewohnheitsrechts in Rechtsüberzeugung
und Uebung getrennt und die Rechtsüberzeugung zur Rechts=
quelle erhoben hat, lässt er die Uebung, das reine Herkommen, das lang Geübte, ebenfalls zur Rechtsquelle werden,
und findet die Begründung dafür darin, dass die Rechts=
überzeugung allgemein jeder bestehenden Ordnung eben

wegen dieses Bestehens Rechtsverbindlichkeit zuerkennt. Auf diesem rein äusserlichen Herkommen soll das Festhalten des Richters an den Vorentscheidungen beruhen, denn gerecht ist das Urtheil nicht schon, wenn der Richter den einzelnen Fall nach seiner Ueberzeugung entscheidet, sondern es gehört hierzu, dass das Urtheil über bereits einmal entschiedene Punkte wieder die gleiche Entscheidung enthält. Wir können nicht einsehen, wie eine wiederholt ausgesprochne Ueberzeugung des Richters auf dem Wege des Herkommens zur objectiven Gerechtigkeit erstarkt. Einer eingehenden Kritik glauben wir uns hier enthalten zu dürfen, glauben uns aber nicht zu irren, wenn wir annehmen, dass der von der gemeinen Ansicht vielgebrauchte Ausdruck „Rechtsüberzeugung" zur Aufstellung dieser ebenso irrigen wie gefährlichen Theorie geführt hat, welche das objective Recht, das positive Recht und zuletzt die über der Einzelnen Willen und Ueberzeugung erhabene Gerechtigkeit hinwegleugnet.

Nachdem wir bei den verschiedenen Theorien über die Natur des Gewohnheitsrechts gezeigt haben, wesshalb wir nicht mit ihnen übereinstimmen, kommen wir im Folgenden zur Darlegung der hier vertretenen Theorie [1]).

Der Ausdruck Recht schliesst einen doppelten Sinn in sich; entweder bedeutet er Recht im objectiven Sinne, das heisst den Inbegriff der geltenden Rechtsgrundsätze, oder er bedeutet Recht im subjectiven Sinne, das heisst den „Niederschlag der abstracten Regel zu einer concreten Berechtigung der Person." Der Inbegriff der geltenden Rechtsgrundsätze ist aber nichts andres als der Begriff der Nothwendigkeit, und die concrete Berechtigung der Person deckt sich mit dem Begriff der Freiheit. Daraus folgt, dass die beiden Grundelemente des Rechts die Freiheit und die Nothwendigkeit sind und dass, wie im Rechtsbegriff das objective und subjective Recht untrennbar sind, so auch Freiheit und

---

[1]) cf. für das Folgende die Andeutungen bei Bruns loc. citat p. 320 und Schwanerts' Rede „Gesetz und Gewohnheit."

Nothwendigkeit darin unlöslich verbunden sind. Im gemeinen Recht findet nun der abstracte Begriff des subjectiven Rechts seine Entwicklung darin, dass die Freiheit des Einzelnen erst dann zum wirklichen Recht wird, wenn sie die objective Form erhalten, und diese objective Form ist Gesetz oder Gewohnheit. Daraus ergibt sich, dass Ausdrücke wie Rechtsüberzeugung, Volksgeist, Rechtsbewusstsein, so lange sie nicht in·der Nothwendigkeit, im Gesetz oder der Gewohnheit eine die Einzelnen beherrschende objective Macht gefunden, auf rechtliche Geltung keinen Anspruch machen können.

Gesetz ist jede Setzung eines wirklich gültigen und alle bindenden objectiven Rechtssatzes.[1]) Darin ist ausgesprochen, dass Gesetze nur der aufstellen kann, welcher alle dazu nöthigen kann; wenn nun diese Macht der Nöthigung in einem Staate nicht blos die oberste Staatsgewalt sondern auch Gemeinden und Corporationen haben, so folgt daraus, dass alle diese soweit ihre Macht reicht Gesetze geben können, und dass es blos ein auf dem wörtlichen Ausdruck beruhender Unterschied ist, wenn man technisch den Inbegriff der von der höchsten Staatsgewalt aufgestellten Sätze Gesetzesrecht, die von Gemeinden aufgestellten Satzungen aber autonomisches Recht nennt.

Der Begriff der Gewohnheit, zu dem wir jetzt übergehen, erfordert eine längere Behandlung. Den Begriff der Gesetze konnten wir einfach aus dem Begriff der Nothwendigkeit darlegen, und konnten die Frage, wer Gesetze geben kann, für wen und in welcher Form er sie geben kann, wie es endlich überhaupt gekommen,. dass Jemand Andern zwingende Regeln vorschreiben kann, als eine ·rein staatsrechtliche Frage hier übergehen. Beim Gewohnheitsrecht aber müssen wir diese Fragen beantworten, denn das Gewohnheitsrecht entsteht ohne den Staat.

Der Begriff des Rechts beruht, wie wir sahen, auf der unzertrennlichen Verbindung von Freiheit und Nothwendigkeit. Ebenso beruht die Gewohnheit auf einer untrennbaren

---

[1]) cf. Windscheid Pand. § 14.

Verbindung von Freiheit und Nothwendigkeit. Hierin liegt schon angedeutet, warum die Gewohnheit, wenn sie Rechtsgewohnheit ist, au sich thatsächlich geltendes Recht wird. Das Wesen der Gewohnheit ist innere Nothwendigkeit. Dass dem so ist, lehrt ein Beispiel. Ein Spaziergänger der auf seinem täglichen Weg einem Bettler begegnet, gibt diesem, von Mitleid ergriffen, eine Münze. Am folgenden Tag handelt er ebenso aus Mitleid. Nach einer Woche hat er sich angewöhnt dem Bettler die Münze zu geben, er gibt sie nicht mehr aus Mitleid sondern von innrer Nothwendigkeit getrieben; er handelt nach einem zwingenden Gesetz, aber das Gesetz ruht im letzten Grunde auf seinem Charakter, denn ein mitleidsloser Mensch würde ihm nicht unterliegen. Was hier bei dem Einzelnen der Charakter ist, das ist bei der Rechtsgewohnheit eines Volks das nationale Rechtsgefühl! Das Rechtsgefühl ruft, sei es mit Absicht oder ohne Reflexion, eine den Intressen entsprechende thatsächliche Ordnung hervor. Durch gleichmässige, anfänglich willkürliche, allmählig unbewusste und unfreie Wiederholung, durch das Gefühl der Gerechtigkeit wie durch die Macht der Zeit wird der Wille des Volks gefangen genommen, es fühlt sich an die thatsächlich vorhandene Ordnung nothwendig gebunden, und hiermit ist eben aus der thatsächlichen Ordnung eine Rechtsordnung geworden, aus der sich die unbewusst befolgten Regeln abstrahiren lassen, deren Summe wir Gewohnheitsrecht nennen. Wir dürfen den Grund der Rechtsgewohnheit daher weder darin suchen, dass sich das Volk ein Recht schaffen will, denn der Wille des Volks ist ein subjectiver Begriff, noch dürfen wir annehmen dass die Ueberzeugung, dass schon ein Recht vorhanden sei, den Grund der Rechtsgewohnheit bilde, denn alle Ueberzeugung ist etwas subjectives, wir müssen vielmehr den Grund der Rechtsgewohnheit in der reinsten Objectivität finden, nämlich in der Macht des Rechtssinnes, der auf nationaler Grundlage ruhend dem Rechtsleben des Volks eine bestimmte Richtung gibt. Die Uebung ist mithin [1]) weder Entstehungsursache des Rechts (materialistische Ansicht), noch die Erscheinungsform desselben (spiritualistische Ansicht), noch endlich eine Entstehungsform (gemeine Ansicht), sondern sie ist schlechthin die äussere Thatsache der Geltung des Rechts. Wie diese ideale Macht entsteht, d. h. wie sich der Begriff der Freiheit in der Entstehungsgeschichte der Rechtsgewohnheit mit dem Begriff der Nothwendigkeit einigt, ist, wie alle Entstehungsgeschichten, zwar schwer aber nicht unmöglich darzulegen. — So wie unter Menschen die Bedeutung der Wechselbeziehung gefühlt wird, tritt eine Ahnung des Rechtsbegriffs ein, denn dieses Gefühl muss bei den Widersprüchen, die durch die Willkür des Einen im Kampf ums Dasein mit der Willkür des Andern so klar zu Tag treten, zu einer Ausgleichung dieser Widersprüche führen [2]). In der Selbsthülfe kann die Lösung nicht gefunden werden denn diese führt zu der Willkür zurück. Daher sucht das Rechtsgefühl eine andre Lösung. Ein Kampf der Intressen beginnt, Nützlichkeitsrücksichten, Einfluss eines mächtigen Juristenstandes, Vorurtheile, *vis inertiae*, alle diese Einflüsse führen zu einer gleichmässigen Uebung. Dieser Kampf dauert so lange fort bis unter der Macht der Zeit der thatsächliche Zustand ein rechtlicher geworden, bis das Rechtsgefühl zu einem unbewusst befolgten objectiven Rechtssatz geführt hat, der mit idealer Macht das Volk beherrscht. In dem Momente, wo in der constanten Handlungsweise das Gefühl: so musste es geschehen! zum Gefühl der rechtlichen Nothwendigkeit, zur Objectivität erstarkt, ist das Gewohnheitsrecht vorhanden.

Aus dieser Entstehungsgeschichte, die wir noch heut beobachten, folgt, dass jeder Rechtsgewohnheit ein Kampf zwischen ringenden Elementen vorhergeht. Bei der Schilderung dieser Elemente können wir nicht von kämpfenden Rechten sprechen, wohl aber können wir die Ausdrücke:

---

[1]) cf. Bruns loc. cit. pag. 321.
[2]) cf. Schwanert „Gesetz und Gewohnheit" p. 20.

Rechtsbewusstsein, Rechtsüberzeugung anwenden, denn sie gehören dem Subjectiven an. Zuvörderst kann den Sieg davon tragen die Volkssitte und das Volksbewusstsein, indem es die Lebensverhältnisse mit nationalem Rechtsgefühl auffasst und allmählig das in den Dingen selbst liegende Princip zur Anerkennung bringt, wenn nicht schon vorher ein weiser Gesetzgeber demselben zum Sieg verhalf. Wenn es aber auch gewöhnlich der Fall ist, dass in dem Streite der Interessen das nationale Rechtsgefühl die Palme davon trägt, wie ja auch die Gewohnheiten eines tüchtigen Mannes seinem Charakter entsprechen, so kann dennoch auch ein in der Natur der Sache nicht begründeter Brauch zum Rechtssatz erhoben werden, indem das was als das Ergebniss des Zufalls oder der Willkür erschien allmählig im Gefühl rechtlicher Nothwendigkeit geschieht. Hierbei muss man sich freilich vor dem Irrthum hüten, dass nur durch die Kraft der Zeit aus dem *factum* ein *jus* werde! Es bildet sich in der Zeit nach dem Gesetz der Continuität das Gefühl der rechtlichen Nothwendigkeit; da dieses nun stets dasselbe sein muss, so ergibt sich, dass auch das sogenannte „Herkommen" sich mit dem Begriff der Rechtsgewohnheit deckt. Aber noch ein drittes Element kann in dem Kampf den Sieg davon tragen, der Juristenstand mit seinen Meinungen. Die Macht dieses Standes kann unter besonderen Umständen so wachsen, dass er selbst im Widerspruch mit den Anschauungen des Volks seinen Meinungen eine solche Anerkennung verschafft, dass sie zu einer objectiven herrschenden Macht, zur Rechtsgewohnheit werden. Das glänzendste Beispiel ist die auf Gewohnheit sich stützende Reception der fremden Rechte in Deutschland. Anfangs gegründet auf die *communis doctorum opinio* fasste man das fremde Recht später als Gerichtsgebrauch, Praxis [1], auf; die Wahrheit ist, dass, weil dem Volk die Anwendung des Römischen Rechts zur Rechtsgewohnheit geworden und weil die äussre Macht des Juristenstands bewirkte, dass sich die Deutsche Nation

---

[1] cf. Schilter prax. for. Exerc. II. § 4.

daran thatsächlich mit Nothwendigkeit gebunden fühlt, die Verbindlichkeit des Römischen Rechts im Ganzen unanfechtbar ist, denn der abweichenden Meinung Einzelner fehlt es an der bindenden Macht. Wir sehen, dass wir in der Entstehungsgeschichte der Rechtsgewohnheit zwar keinen Grund für die Gültigkeit der Rechtsgewohnheit finden, weil diese in sich selbst d. h. in der Thatsache der vollzogenen objectiven Rechtsnorm ihre verbindende Kraft hat, für die es gleichgültig ist, ob sie den Sieg dem Rechtsgefühl des Volks, dem Juristenstand oder dem Zufall dankt, aber nichtsdestoweniger war diese Entstehungsgeschichte für die Lösung unserer Frage von der grössten Wichtigkeit, weil wir daraus die Bedeutung der Römischen Rechtssätze über das Gewohnheitsrecht und über die Macht desselben gegenüber dem Gesetze entnehmen. Wir finden freilich darin keine Theorie des Gewohnheitsrechts, aber wir finden ja überhaupt in dem recipirten Stoffe nicht ohne weiteres unser Civilrecht, denn in dem heutigen Römischen Recht steckt die Arbeit des modernen Europa's. Die Römer gaben uns den Inhalt, die Systematisirung der Rechtsbegriffe ist unsre Aufgabe. Diese ist um so schwerer, je abstracter der Begriff ist, und so konnte die Theorie des Gewohnheitsrechts von den verschiedenen Jahrhunderten ganz verschieden aufgefasst werden. Ist doch die Grundlage unsrer Auffassung, dass alles Recht die subjective Freiheit zum Ausgangspunkt und zum Ziel hat, aber nur zum wirklichen Recht wird, wenn es in der herrschenden Form der Nothwendigkeit, in Gesetz oder in Gewohnheit, hingestellt ist, auch keineswegs mit so dürren Worten im Römischen Rechte zu finden, sie ergibt sich aber klar aus seinem Inhalt und Geist! Indem wir also von diesem Geist des gemeinen Rechts ausgehend die Frage: ob Gesetze durch Gewohnheit aufgehoben werden? zu lösen suchen, befinden wir uns nicht, wie Adickes (Zur Lehre von den Rechtsquellen etc. 1872 p. 5) sagt, „„weil wir den Glauben an die formelle Autorität des *corpus juris* aufgegeben haben, in einem argen Dilemma, und suchen uns nicht durch philosophische Deductionen die Lücken der Lehre zu verdecken""; wenn sich ferner Franz Adickes „die Frage aufdrängt, wie die aus solchen philosophischen Erörterungen abgeleiteten Sätze unmittelbar geltendes Recht sein können?" so bekennt er, dass er den Begriff des heutigen Römischen Rechts missversteht. Sollte aber, wie es scheint, Adickes unter dem Glauben an die formelle Autorität des „*corpus juris*" die Meinung verstehen, dass man ohne alle Abstraction bei der Behandlung dieser Frage durch einfache buchstabengläubige Citate aus dem *corpus juris* eine Lösung finde, so braucht ein solcher Glaube von Niemandem erst aufgegeben zu werden! Diese Abschweifung möge ihre Entschuldigung darin finden, dass in der Schrift von Fr. Adickes jede Lösung unserer Controverse ohne die Anerkennung der „subjectiven Vernunft als Rechtsquelle" mit naiver Kühnheit als unmöglich bezeichnet wird!

Wir müssen hier noch der Auffassung gedenken, welche die Praxis unter das Gewohnheitsrecht stellt. Diese Praxis hat mit der Rechtsgewohnheit nur das eine gemein, dass sie sich unter einer unsichtbaren Autorität bildet, aber diese Autorität ist hier nicht das unbewusste Rechtsgefühl, sondern die kritische Ueberzeugung des Richters, also etwas subjectives. Wollte der Richter diese Kritik verleugnen, so wäre dies einer der schlimmsten Fehler der Justiz, nie aber Rechtsgewohnheit. Wohl soll die kritische Ueberzeugung vorhergehende Urtheile beachten, aber an eine schlechte Praxis sich nie gebunden fühlen, es müsste denn diese Praxis sich schon zu einem eigentlichen Gewohnheitsrecht verwandelt haben; erst an ein solches im Volk erstarktes Gewohnheitsrecht ist der Richter gebunden; *non exemplis sed legibus judicandum est.* (cf. const. 13 cod. de sent. 7,45.)

Endlich haben wir hier noch des Ausdrucks „Observanz" zu gedenken, d. h. des von Corporationen ausgebildeten Gewohnheitsrechts. Wie das Gesetz zum Statut so verhält sich die Rechtsgewohnheit zur Observanz, ihr Unterschied liegt nur in der Beschränkung der Grenzen. Da nun im Ganzen der Theil mitbegriffen ist, so haben wir hier keine besondere Abhandlung über die Macht der Observanz nöthig.

Aus den im vorigen Abschnitt aufgestellten Begriffen wird sich die Lösung der Controverse ergeben. Allein ehe wir zu dieser selbst übergehen, müssen wir noch der Erfordernisse des Gesetzes und der Gewohnheit gedenken. Dies wird um so nöthiger sein, als man an die Rechtsgewohnheit, wenn sie das Gesetz aufheben soll, theils Erfordernisse gestellt hat, die nie zu ihr gehören, theils Anforderungen als ganz besondere hervorgehoben hat, die stets bei ihr vorhanden sind. Ebenso ist man bei dem zu derogirenden Gesetz verfahren. Diesen Irrthümern lässt sich nicht besser vorgreifen, als durch eine kurze Charakterisirung der für Gesetz und Gewohnheit allein, aber stets nöthigen Erfordernisse.

Das Gesetz als Satzung eines wirklich gültigen objectiven Rechtssatzes kann nur in dem Mangel der äussern Erzwingbarkeit seine Grenze finden und seine Macht reicht soweit als die Macht dessen reicht, der es setzt. Dass diese Macht in den Forderungen der Vernunft, der Sittlichkeit, des Wohls, factische Grenzen hat, liegt in dem Begriff des Rechts, welches stets unter den ethischen Forderungen steht.

Schwieriger sind die Erfordernisse der Rechtsgewohnheit zu finden. Zuvörderst ist nöthig, dass der Handelnde im Gefühl des Gebundenseins an die thatsächlich vorhandene Ordnung des Verkehrs handelt. Hierunter ist die schon von den Römern verlangte *opinio necessitatis* zu verstehn; wir übersetzen sie am besten durch „Gefühl der Nothwendigkeit." Der Betreffende handelt frei ohne Vorschrift und doch nicht willkürlich nach jedesmaligen Gründen, er muss fühlen, dass er von der objectiven Rechtsordnung gezwungen nothwendig so handeln müsse wie er handelt; daher ist jedes gleichgültige Thun, daher sind alle *res merae facultatis*[1]) ausgeschlossen. Ferner sind alle die Gewohnheiten im natürlichen Sinn, die blos als eine stetige Wiederholung

---

[1]) cf. Bühlau loc. cit. p. 327.

gewisser Vorgänge erscheinen und ihren Grund nur in dem Satz haben: *consuetudo est altera natura*, von der Rechts-gewohnheit zu trennen. Freilich ist es möglich, dass die Gesetze auch auf diese natürlichen Gewohnheiten Rücksicht nehmen und desshalb sind dieselben so oft mit der Rechts-gewohnheit verwechselt worden. Wenn es z. B. in einer Stadt Ortsgebrauch ist, den Dienstboten das Handgeld zu lassen, so wird dieser Ortsgebrauch nach dem Satze *ea quae sunt moris vel consuetudinis in bonae fidei judiciis debent venire* in andern Fällen berücksichtigt werden, vorausgesetzt, dass die Parteien die Sitte kannten und sich ihr still-schweigend unterwarfen; auch trifft der Beweis dieses Gebrauchs den, welcher sich darauf beruft. Ganz anders steht es, wenn eine Rechtsgewohnheit vorhanden ist; sobald es ersichtlich ist, dass ein *naturale negotii* befolgt wird, weil man sich durch eine zwingende Rechtsregel des Verkehrs dazu gezwungen fühlt, kommt es auf Kenntniss der Parteien nicht an, noch haben sie den Beweis zu bringen.

Ein weiteres Erforderniss ist, dass die Rechtsgewohn-heit nicht eine vereinzelte sein darf, hierin liegt schon von selbst das weitere Erforderniss einer gewissen Dauer. Auch dies ergibt sich aus dem Begriff des objectiven Rechts, welches sich nicht unter einzelnen Individuen, sondern nur unter dem Volk im ganzen, unter den Einzelnen aber nur als Gliedern des Volks bilden kann. Dies Erforderniss beruht aber nicht, nach der gemeinen Meinung, darauf, um aus der Dauer das Vorhandensein der rechtlichen Ueberzeugung entnehmen zu können, sondern darauf, dass das objective Recht als Machtbegriff nicht von vornherein gegeben ist, sondern eine gewisse Dauer braucht, um sich seine Macht zu erkämpfen. Das Gefühl des Gebundenseins an die that-sächlich vorhandene Ordnung des Verkehrs ist nicht mit einem Male vorhanden und kann sich nicht in einem Ein-zelnen, sondern nur im ganzen Volk oder in einem Kreis desselben manifestiren, es bedarf der Macht der Zeit, ehe die Acte der Willkür allmählich zu unwillkürlichen Handlungen werden, ehe der Wille des Einzelnen so weit gefangen genommen wird, dass er sich der nationalen Neigung fügt, kurz ehe seine subjective Freiheit sich der objectiven Nothwendigkeit unterordnet. Die Zahl der Handlungen, ihre Dauer und ihr Umfang ist natürlich dem Ermessen des Richters zu überlassen, und mit richtigem Tact finden wir in dem *corpus juris* auch nicht eine Stelle, welche etwas Anderes wollte, als darüber allgemeine und zwar im höchsten Grad allgemeine Anhaltepunkte zu geben. (l. 32 § 1. D. I. 3. — l. 33 § 1. D. eod. — l. 35 § 1. D. eod. — l. 1. cod. 8. 53. — l. 2. cod. 8. 53 — l. 3 cod. eod.). Demnach ergibt sich bei fehlenden Bestimmungen des Römischen Rechts für den Richter aus der Natur der Rechtsgewohnheit, dass nach der Verschiedenheit der kämpfenden Elemente, welche in ihr den Sieg davon tragen, bald eine längere bald eine kürzere Dauer, bald eine grössere bald eine geringere Zahl von Handlungen ihm genügen muss, um eine Rechtsgewohnheit als solche anzuerkennen.

Ein weiteres Erforderniss für die Annahme einer Rechtsgewohnheit ist die Gleichförmigkeit der Handlungen, d. h. die einzelnen Acte dürfen nicht durch Acte der Nichtübung oder Acte einer entgegengesetzten Uebung aufgewogen werden. Auch hierfür ergibt sich der Grund leicht aus der Natur der Rechtsgewohnheit, denn so lange noch keine Gleichförmigkeit der Handlung vorhanden ist, ergibt sich, dass die Intressen noch kämpfen, dass die vorhergehenden Wiederholungen noch willkürliche waren, bei denen man sich von allem Andern leiten liess, sich aber nicht mit Nothwendigkeit an die über den Intressen erhabene Macht des objectiven Rechts gebunden fühlte. Die historische Schule[1] wendet hier ein, dass trotz abweichenden Acten ein Gewohnheitsrecht angenommen werden könne, wenn die Acte nur nicht sich nicht mit der Annahme einer gemeinsamen „Ueberzeugung" vertragen oder die Existenz derselben wieder ins Ungewisse stellen. Auch nach unsrer Auffassung lässt es sich recht wohl denken, dass einzelne ungleich-

---
[1] Puchta Gew. Recht II. p. 91 ff.

artige Handlungen die Reihe unterbrechen können, ohne die Rechtsgewohnheit in Frage zu stellen, diese müssen aber von der Art und Zahl sein, dass man darin nur ein nicht gerechtfertigtes subjectives Sichloslösen von der trotzdem herrschenden Norm erblickt. Wenn Puchta (Gewohnheitsrecht II p. 91) meint, dass man bei dieser Frage lediglich auf innre Gründe verwiesen sei, so dürfte dagegen zu erwidern sein, dass gerade aus den so kurzen Andeutungen der Römer (l. 3 cod. h. t.—l. 3 pr. cod. de pr. schol. 12,30 —) zu schliessen ist, dass sie die obige Ansicht theilten, denn in der That ist auch diese Frage in das Ermessen des Richters zu stellen.

Damit wären eigentlich die Erfordernisse der Rechtsgewohnheit erschöpft, denn was man nach der viel bestrittenen Stelle l. 39 D. 1. 3. *„quod non ratione introductum sed errore primum deinde consuetudine obtentum est, in aliis similibus non obtinet"* zu verlangen hat, ist in der *opinio necessitatis* schon enthalten. Die Stelle erlaubt zwei Auffassungen; entweder kann man annehmen, dass ein Satz irrig als Rechtssatz eingeführt wurde und nun aus Gewohnheit festgehalten wird; hier wird der Richter in den „nächsten gleichen Fällen", wenn es offenbar ist, (cf. Fabri rationalia etc. MDCXXXI. de leg. S. C.; l. I. tit. III. pag. 43) dass die Uebenden, wenn sie selbst auf das, was als Irrthum erscheint, aufmerksam gemacht worden wären, es als Irrthum erkannt hätten, darin nicht die Macht eines objectiven Rechts erblicken. Nun ist es aber sehr wohl möglich, und ist durch viele Beispiele zu beweisen, dass der irrige Grund der Einführung ganz vergessen wird und der Satz thatsächlich als Rechtssatz herrscht. Dann, natürlich nach längrer Zeit, ist eine Rechtsgewohnheit vorhanden und der Richter würde nach subjectiver Ueberzeugung, nicht aber nach objectivem Recht urtheilen, wenn er, weil er den Satz für Irrthum hält, ihn nicht befolgen wollte. So versuchten in Mecklenburg die Richter, welche erkannt hatten, dass der Satz *dies interpellat pro homine* irrig und unbegründet sei, vergebens den Satz, der unabhängig von allen Theorien Rechtsgewohnheit geworden, aufzuheben (cf. Böhlau loc. cit. § 54 p. 331). Folgt man aber der andern Auffassung, dass unter dem *non ratione introductum* Missbräuche verstanden seien, die den Grundsätzen der sittlichen und bürgerlichen Ordnung widersprächen (cf. PHGO § 218), so ergibt sich, dass damit, dass dieselben nie die Kraft eines Gewohnheitsrechts erlangen können, ebenfalls kein neues Erforderniss verlangt wird. Das Recht steht innerhalb der logischen Denkgesetze und innerhalb der sittlichen Anschauungen eines Volkes, und kann sich mit diesen auch nicht als Gewohnheitsrecht in Widerspruch setzen, denn seine Macht würde als eine von vorn herein jenen unterliegende nie eine zwingende objective Macht werden. Nur muss man hier betonen, dass einestheils unter Unvernünftigkeit nicht Unzweckmässigkeit [1] zu verstehen ist, anderntheils aber jedes Volk seine eigne Vernunft und eigne sittliche Ordnung besitzt, welche sich bei dem nämlichen Volke wieder im Laufe der Zeit ändern [2] und hiermit die Ansprüche an das Recht verändern kann. Denn „die Vernunft ist gleich einem weissen Blatt, das Jedem mitgegeben ist und von jedem mit den verschiedensten Sätzen beschrieben wird (Puchta Gewr. II. 50)." So dürfte hiermit erwiesen sein, dass die Erfordernisse der Rechtsgewohnheit nicht nur mit den Consequenzen aus dem

---

[1] Unter einer solchen unzweckmässigen Gewohnheit ist die zu verstehen, welche die Glosse ad l. 39. D. l. c. erwähnt, nach welcher in Bononia der Fuhrmann von der Haftung befreit war, si dominus vini imposuerit manum ad plaustrum, weungleich nur in der Absicht der Unterstützung.

[2] Hierfür bieten die Basiliken ein Beispiel. Dort heisst die Stelle l. 39 B. 1. 3: „τὸ μὴ μετὰ λογισμοῦ εἰσενεχθέν, ἀλλὰ κατὰ πλάνην καὶ συνήθειαν κρατῆσαν οὐ δεῖ κρατεῖν ἐν τοῖς ὁμοίοις. Zu μετὰ λογισμοῦ fügt die Glosse das Beispiel: „ὡς τὸ διδόναι ῥάπισμα τῷ ἐλευθερουμένῳ ὅπερ ἀλόγιστον ἐσχόλασεν ἐκ βασιλικῆς διατάξεως. τότε γὰρ κρατεῖ τὸ ἔθος ὅταν ἐστὶν εὔλογον. Das ῥάπισμα διδόναι vertrug sich nicht mehr mit den verfeinerten Sitten. Umgekehrt wird im 16. Jahrhundert bei uns Vieles als „böse Gewohnheit" gegolten haben, was wir heut nicht mehr als solche betrachten. Ich erinnere nur an die mit dem Aberglauben zusammen hängenden Meinungen.

oben aufgestellten Begriff übereinstimmen, sondern dadurch erst ihre rechte Beleuchtung erhalten. Aus den hiermit genugsam bestimmten Begriffen des Gesetzes und der Gewohnheit ergibt sich das logische Resultat, dass das Gewohnheitsrecht als eine objective Macht, die das Volk auch ohne seinen subjectiven Willen bindet und das Gesetz, als die objective Macht eines verbindenden Rechtssatzes, hinsichtlich ihrer Kraft und Geltung dieselbe Bedeutung haben, und dass diese Gleichstellung keine der Veränderung unterliegende ist. Aus der objectiven Macht des Gesetzes folgt, dass das Gesetz die Entstehung eines Gewohnheitsrechts verzögern, ein bestehendes derogiren kann, aus der objectiven Macht des Gewohnheitsrechts ergibt sich, dass dasselbe, weil es ja nicht der Ausfluss eines subjectiven Volkswillens ist, auch dem Staat die Kraft zur Aufrechterhaltung seines Willens nimmt und seine früheren Gesetze derogirt. Gesetze werden aufgehoben durch Gesetze und Gewohnheiten! Das Gesetz ist objectives Recht und die Rechtsgewohnheit ist objectives Recht; wenn das spätere Gesetz das frühere aufhebt, so heisst dies ebenso viel als das spätere objective Recht hebt das frühere objective Recht auf. Mithin muss auch das spätere objective Recht in Form der Rechtsgewohnheit das frühere objective Recht in der Form des Gesetzes aufheben. Es ist kaum nöthig hinzuzufügen, dass Gesetze, welche auf den höheren gegenwärtig herrschenden Principien der Logik, der Religion und der Sittlichkeit beruhen, zur Zeit jener herrschenden Principien durch entgegenstehende Gewohnheiten nicht derogirt werden können, weil das Recht eben unter jenen höheren Ansprüchen steht. Obwohl diese Ansicht für das gemeine Recht als die gemeine gelten darf, so ist sie doch nur sehr selten ganz unbedingt zugegeben worden, und zwar hat sich die Opposition stets auf den Widerspruch zweier Stellen des *corpus juris* gestützt, bei deren Vereinigung jede Theorie des Gewohnheitsrechts versucht hat, ihre Ansicht zur Geltung zu bringen. Ehe wir daher die weiteren Consequenzen ziehen, ist es nöthig auf diesen Widerspruch jener Stellen näher einzugehen, und darzulegen, dass es in dem recipirten Recht dennoch keine von der obigen abweichende Ansicht gibt.

Die schlechthin gleiche Kraft des Gewohnheitsrechts wird im Römischen Recht[1]) offen und klar in der l. 32 D. de leg. 1,3 ausgesprochen. Dort heisst es „*inveterata consuetudo pro lege non immerito custoditur et hoc est jus quod dicitur moribus constitutum — rectissime etiam illud receptum est ut leges non solum suffragio [legislatoris] sed etiam tacito consensu omnium per desuetudinem abrogentur.*" Demselben Geist entsprechen die Stellen: § 7 J. de inj. 4,4, — nov. LXXXIX cap. XV, — l. un. pr. cod. de cad. toll. 6,51, —. Scheinbar im Widerspruch hierzu heisst es in l. 2 cod. quae sit long. cons. 8,53: „*consuetudinis ususque longaevi non vilis auctoritas est, sed non usque adeo sui valitura momento ut rationem vincat aut legem.*" Daher ist über diese Stelle und die oben erwähnte l. 32 D. ein heftiger Streit entbrannt, der meist in der falschen Auffassung des Gewohnheitsrechts als subjectiven Volkswillen seinen Grund hat. Man wird die Entscheidungen der so bestrittenen Controverse am besten in solche theilen, welche dem Gewohnheitsrecht nicht die gleiche Kraft wie dem Gesetz zusprechen und in solche, welche ihm dieselbe zwar zusprechen, aber aus einem falschen oder nicht in den Stellen enthaltenen Grunde.[2])

Zuvörderst ist die Ansicht zurückzuweisen, welche annimmt, dass durch dieses Gesetz die Möglichkeit der Aufhebung der Gesetze durch Gewohnheit schlechthin ausgeschlossen sei, weil die Stelle des codex die Digestenstelle aufhebe (cf. Baron Pand. p. 12), denn Institutionen, Digesten und Codex gelten als ein Gesetzbuch und im Sinne Justinians müsste die Antinomie aus innern Gründen entschieden werden.

---

[1]) Auch die Griechen theilten diese Ansicht, cf. Aristoteles polit. III, 2,: „ἔτι κυριώτεροι καὶ περὶ κυριωτέρων τῶν κατὰ γράμματα νόμων οἱ κατὰ τὰ ἔθη.

[2]) cf. Puchta Gewhts.-Recht II. p. 203.

Ebenso entschieden spricht dem Gewohnheitsrecht der Glossator Placentin die derogirende Kraft ab, indem er behauptet, die in der l. 32 D. vorgetragenen Grundsätze seien republikanisch und könnten unter einer monarchischen Verfassung unmöglich gelten (cf. Placentin summa in cod. h. t.; Haenel Diss. dom. cod. chis. § 46; Irnerius und Martinus in Gloss. ad leg. 2 cod. h. t.). Hierin liegt eine Verwechslung der nationalen Grundlage des Rechts mit der politischen, die schon so oft gerügte Verwechslung des subjectiven Volkswillens mit der über dem Volke stehenden objectiven Macht des Rechts. Da nun dieser Irrthum von den Glossatoren bis auf unsre Tage sich forterbt, ist es an dieser Stelle angemessen, zu prüfen, ob die Römischen Juristen sich wirklich desselben schon schuldig gemacht haben. Man darf bei dieser Untersuchung nicht auf die einzelnen Ausdrücke wie auf *„tacitus consensus"* Gewicht legen, die bildlich gemeint sind, sondern muss die ganze lex 32 h. t. ins Auge fassen. Die Neueren schliessen aus dieser Stelle, dass die Römischen Juristen die Kraft des Gewohnheitsrechts auf die gesetzgebende Gewalt des Römischen Volks zurückgeführt hätten, das, wie in den Comitien, so durch concludente Handlungen Rechtsnormen aufstellte. Allein der Römische Jurist will nur den Grund der gleichen Geltung des Gewohnheitsrechts, die ihm von vorn herein fest steht, durch die Römische Anschauung von Gesetz und Gewohnheit erklären. Gesetz ist den Römern der W i l l e n s a c t des geordneten Volks, des Staats, hierin hat es seine bindende Kraft und nicht in der Volksüberzeugung. Ebenso ist das Gewohnheitsrecht den Römern der durch unmittelbare Betheiligung ausgedrückte objective V o l k s w i l l e. Durch den Ausdruck *„rebus ipsis et factis"* wird die Rechtsgewohnheit bezeichnet, diese *res et facta* haben aber nicht in der ihnen etwa zu Grunde liegenden Ueberzeugung ihre bindende Kraft, sondern erhalten diese erst, wenn sie in der *longa consuetudo* eine objective Rechtsordnung geworden sind. Indem man nun in dieser sich objectivirenden Rechtsordnung, in der Rechtsgewohnheit, ebenso wie im Gesetz einen Willensact des

Volks sah, suchte man hierdurch die Gleichberechtigung von Gesetz und Gewohnheit zu erklären, war aber weit davon entfernt, den Grund der Kraft des Gewohnheitsrechts in dem subjectiven Volkswillen, etwa in den Handlungen der Einzelnen sich sonst auf dem forum versammelnden Bürger zu finden. Freilich musste der Ausdruck Julians, der an Unklarheit leidet, die Glossatoren, die vergeblich bei den Römern nach einer Theorie des Gewohnheitsrechts suchten, zu jenem verbreiteten Irrthum führen.

Indem man an dieser Unterscheidung der Glossatoren zwischen Republiken und Staaten mit monarchischer Verfassung fest hielt und von der Auffassung ausging, dass in letzteren die Unterthanen, die ja sonst an der gesetzgebenden Gewalt keinen Antheil hätten, sich auch nicht durch das Gewohnheitsrecht ein Recht setzen dürften (cf. Cocceji ius controvers. civil. l. 1. Tit. III. Qu. XIV. *„iura majestatis involverent"* etc.), war nichts natürlicher, als dass man zu der Ansicht kam, das Gewohnheitsrecht als die angemasste Gesetzgebung der Unterthanen gelte nur dann, wenn es vom Gesetzgeber gebilligt sei. Ueber die Art dieser Billigung herrschten die verschiedensten Ansichten, und es entstand eine reiche Casuistik, welche einen ausdrücklichen, stillschweigenden, allgemeinen und speciellen Consens des Gesetzgebers zu unterscheiden wusste.

Für das Ende des vorigen und den Anfang dieses Jahrhunderts kann diese Ansicht für die herrschende gelten. Mit der Anschauung, dass das Recht nicht auf mechanischem Wege entstehe, ist auch die Beschränkung des Gewohnheits= rechts aus diesen Gründen weggefallen.

Verschieden von der Ansicht, dass das Gewohnheits= recht der stillschweigenden Duldung des Gesetzgebers seine verbindliche Kraft danke, ist die Ansicht Wächters (Würtemb. Privatr. II, p. 37 f.), welcher den Gesetzgeber die negative Ursache der Gewohnheit nennt, insofern er sie verbieten könnte und nicht verbietet. Was hier negative Ursache genannt wird, ist nichts anderes als die Thatsache, dass es dem Gesetzgeber frei steht, durch ein Gesetz die Ge=

wohnheit aufzuheben nach dem Satze: *lex posterior derogat priori*. Auch darf man damit nicht die Meinung verbinden, dass ein Gesetzgeber von vorn herein eine sich künftig gegen ein Gesetz bildende Gewohnheit durch ein Gesetz für immer verbieten könne, denn auch eben dies Gesetz kann durch Gewohnheit aufgehoben werden. Nach Vangerows Ansicht freilich soll dies in l. 2 cod. ausgesprochen sein. Dagegen ist einzuwenden, dass, wenn wirklich die Stelle diesen Satz aufstellen wollte, im gemeinen Recht eben kein Gesetz vorliegt, welches das Gewohnheitsrecht in dieser Weise beschränkte, denn sowohl im Römischen Recht als in den Reichsgesetzen ist seine Kraft vollständig anerkannt; darnach wäre der Satz für das gemeine Recht ein müssiger. Dass aber auch für die neueren Landesgesetzbücher, in denen ein solches Verbot factisch vorkommt, Vangerows Behauptung nicht richtig ist, wird an andrer Stelle bewiesen werden.

Auf ähnlichem Grunde ruht das von Andern aufgestellte Erforderniss der Gerichtlichkeit: nur eine schon *in contradictorio judicio* anerkannte Gewohnheit sollte die Kraft haben Gesetze aufzuheben. Dieser Irrthum stützt sich auf die Stelle l. 34 D. 1,3. Schon die Glosse zu den Basiliken verstand dies in dem Sinne, dass bei jedem Gewohnheitsrecht zu fragen sei, ob es gerichtlich anerkannt sei: „χρὴ πρότερον ἐξετάζειν εἰ φιλονεικίας ποτὲ γενομένης περὶ ταύτης τῆς συνηθείας ψῆφος δικαστικὴ ταύτην ἐκύρωσεν." Allein dieser Irrthum wurde bald aufgegeben, indem man erkannte, dass der Römische Jurist nur einen Rath und zwar einen vortrefflichen Rath habe ertheilen wollen, indem er darauf hinwies, dass ein vorhandenes gerichtliches Urtheil den Beweis des Gewohnheitsrechts erheblich erleichtere. (cf. A. Fabri rationalia lib. I tit. III ad l. 38 h. t. pag. 43 und H. Donelli comm. de iure civ. I. c. X. pag. 23.) Mit dem Erforderniss der Gerichtlichkeit fällt aber für die derogatorische Gewohnheit auch das Erforderniss der Oeffentlichkeit, denn auch dieses beruht auf dem Gedanken der Nothwendigkeit der Genehmigung. Ausserdem ist nach unsrer Auffassung

eine Verheimlichung nicht einmal möglich, denn die Rechts=
gewohnheit ist die sich objectivirende Macht des Rechts
über das Volk, von einer Verheimlichung aber kann nur
bei subjectiven Aeusserungen, etwa bei einer „Rechtsüber=
zeugung", die Rede sein.

Eine andre Meinung gibt zu, dass ein Gesetz durch
desuetudo aufgehoben werde, dagegen soll eine *consuetudo
contraria* nicht gegen das Gesetz auftreten dürfen. Diese
sich an den Buchstaben heftende, neuerdings noch von
Elvers vertretene Theorie findet sich in einer Glosse zu den
Basiliken angedeutet (cf. Gloss. ad l. 33 D. 1. 3.). Allein
desuetudo und *consuetudo contraria* sind nicht zu trennen!
Auch bei der *desuetudo* muss Veranlassung zur Anwendung
des alten Gesetzes gegeben sein, und indem dasselbe eben
nicht angewandt wird, tritt ein andrer Rechtssatz an die
Stelle. Durch reinen *non usus* kann nie ein Gesetz aufgehoben werden, es sei denn, dass der Gegenstand des Gesetzes
fortgefallen sei, ein Fall, dessen Unterschied von dem vor=
liegenden klar hervortritt.

Endlich versuchte man den Begriff der Gewohnheit
noch dahin zu modificiren, dass man verlangte, es müsse
die Verjährungszeit hinzu gekommen sein, um der *consuetudo*
derogatorische Kraft zu verleihen. Nirgend hat die Methode
der Glossatoren, die einzelnen Stellen des *corpus juris* zu
verbinden, um die eine aus der andern dem Wortlaut nach
zu erklären, grössere Verwirrung angerichtet, als bei den
Bestimmungen über den Zeitablauf der *consuetudo*. Während
Placentinus schloss, dass unvordenkliche Zeit nöthig sei,
verlangten Johannes Bassianus und Azo 10 Jahre, weil unter
longum tempus anderwärts ein solcher Zeitraum verstanden
werde. Spätere fordern bald 10, 20, 30 oder 40 Jahre.
(Cocceji ius controv. civ. l. 1 tit. III. Q. XII.) Allein schon
Cujacius fand, dass in den Quellen von einer unbestimmten
Zeit die Rede sei (Cujac. paratitla in cod. h. t. und observat.
lib. XX.), und Brunnemann weist diesen Irrthum mit den
treffenden Worten zurück: *„consuetudo quantum tempus
requirat arbitrio judicis committitur. Sed confunditur ita*

praescriptio cum consuetudine, qui solennis veterum error est." Obwohl hiermit dieser *solennis* error beseitigt schien, versuchte er doch durch die Pforte des canonischen Rechts wieder in das gemeine Recht sich einzuschleichen. Im Sinn und Geist der zu jener Zeit herrschenden Lehre des gemeinen Rechts wandten die Päpste die Lehre, dass gegen die Kirche die Verjährung 40 Jahre laufe, auch auf das Gewohnheitsrecht an, und verlangten, dass eine Gewohnheit, die ein Kirchliches Gesetz aufheben wolle, vierzig Jahre lang geübt sein müsse (c. II X. de cons. 1. 4— c. 3 in VI⁰ eod. 1. 4. — c. 9 in VI⁰ de off. ordin. 1. 16. — c. 50 X. de elector. 1. 6.). Nachdem man die richtige Ansicht, wenn auch nicht über das Gewohnheitsrecht, so doch über die Verjährung gewonnen, suchte man mit einer gewissen Aengstlichkeit diese Stellen des kanonischen Rechts zu beseitigen, indem man in ihnen ein Hinderniss sah, die neue Theorie gegen diese recipirten canonischen Stellen zu halten. Windscheid nimmt an, dass dieselben durch die Praxis beseitigt sind. Richtiger dürfte man mit Böhlau annehmen, dass dieselben überhaupt über das Gebiet der *consuetudo contra jus canonicum* nicht auszudehnen sind. Die willkürliche und unbegründete Annahme, dass nur eine sogenannte *bona consuetudo* ein Gesetz aufheben könne (Haencl Diss. Domin. § 46 cod. chis. p. 151), bedarf, da ihr in den Quellen jede Unterstützung fehlt, keiner Erörterung.

So wenig Erfolg die Versuche, die Kraft des Gewohnheitsrechts gegenüber dem Gesetz durch Modification der Gewohnheit einzuschränken, ausrichteten, ebenso wenig Erfolg hatten die Bemühungen, für den Fall der Collision den Begriff des Gesetzes umzuwandeln, um auf diese Weise das Gewohnheitsrecht unter das Gesetzesrecht zu stellen.

Unter diesen Versuchen ist vor allen die noch heut sehr verbreitete Ansicht zu nennen, dass eine *consuetudo contraria* Dispositivgesetze, nicht aber gebietende oder verbietende Zwangsgesetze aufheben könne. Der Vorläufer dieser Auffassung war der Irrthum der Glossatoren, dass nur Gesetze, welche durch einen Vertrag abgeändert werden könnten, durch Rechtsgewohnheit derogirt würden. (cf. Puchta Gew. R. II p. 208 Aum. 13.). Wer von der als irrig widerlegten Ansicht ausgeht, dass ein Gewohnheitsrecht sich auf Genehmigung des Gesetzgebers stütze, kann allerdings nicht zugeben, dass das *jus cogens* als der unbedingte Wille des Gesetzgebers durch Gewohnheit aufgehoben werde, wer hingegen nur in der Natur dieser beiden Gesetzesarten einen solchen Unterschied finden will, wird keinen Grund dafür finden können. *Jus dispositivum* nennt man ein Gesetz, welches die Fälle seiner Anwendung so bestimmt, dass der Privatwille ein Verhältniss derselben entziehen kann, *jus cogens* heisst ein Gesetz, welches die Fälle seiner Anwendung absolut festsetzt und jede Abweichung durch Privatwillen verbietet. Der Unterschied besteht also darin, dass bei dem *jus dispositivum* die Anwendung ausgeschlossen werden kann, beim *jus cogens* dagegen nicht.

Diese Aufhebung im einzelnen Falle ist aber grundverschieden von der Aufhebung des Gesetzes selbst, denn neben der **Ausschliessung im einzelnen Falle** besteht das **Gesetz als solches** in voller Kraft.

Aufgehoben aber können Dispositivgesetze nicht leichter werden als zwingende Gesetze. Wenn z. B. über ein *naturale negotii* ein Gesetz besteht, welches eintritt, wenn nichts unter den Contrahenten verabredet ist, und es tritt nun in den Fällen, wo die Contrahenten nichts bestimmt haben, dieses Gesetz nicht ein, sondern ein anderes, so ist hiermit der Wille des Gesetzgebers nicht weniger und nicht leichter aufgehoben, als wenn z. B. durch Gewohnheitsrecht die Testamentsform verändert wäre. Fragen wir, woher es kommt, dass von so vielen Neueren die Unterscheidung zwischen gebietenden und erlaubenden Gesetzen in Bezug auf die derogirende Kraft des Gewohnheitsrechts noch festgehalten wird, so finden wir, dass der Irrthum theilweise auf der Verwechslung dieser in der ungenauen Auffassung unhaltbaren Eintheilung der Gesetze, mit dem Gegensatz des absoluten und des vermittelnden Rechts beruht. Es wird nämlich oft der Fall sein, dass diese „gebietenden"

Gesetze desshalb keine Abänderung gestatten, weil dieselben des Staatswohls und der guten Sitten wegen keine Aenderung erlauben! Dass derartige Gesetze nicht durch Gewohnheitsrecht aufgehoben werden, beruht aber nicht auf der Form dieser Gesetze, sondern auf dem erwähnten Princip, dass das Recht unter den Grundsätzen der Logik, der Religion und der Sitte eines bestimmten Volks in der bestimmten Zeit steht. (l. 15 D. 28,7.) Nun ist es aber möglich, dass auch den Dispositivgesetzen ein der sittlichen Vorstellung wegen zur Zeit unantastbarer Grundsatz zu Grunde liegt. Entstände nun eine Rechtsgewohnheit, welche da, wo keine Privatdisposition vorhanden, einen der sittlichen Anschauung nicht entsprechenden Rechtssatz einführen wollte, so würde dieselbe aus demselben Grund nicht auf rechtliche Geltung Anspruch haben, wie wenn sie sich gegen ein jus cogens gebildet hätte. Allerdings werden solche Fälle bei den Dispositivgesetzen seltener sein, weil Bestimmungen, welche ausser Anwendung gesetzt werden können, meist auf gleichgültigen Verhältnissen beruhen. Hiermit dürfte der heut noch weit verbreitete Irrthum betreffs des Unterschieds zwischen *leges cogentes* und *leges dispositivae* in seinem Entstehungsgrunde erklärt und seine Unhaltbarkeit nachgewiesen worden sein.

Um die Reihe der Ansichten, welche in der Vereinigung der beiden Stellen nur durch eine Beschränkung die Lösung finden, mit derjenigen zu schliessen, welche auf dem Punkte steht, die Gleichberechtigung von Gesetz und Gewohnheit anzuerkennen, aber gleichsam noch in der zwölften Stunde dem Gesetz eine stärkere Kraft zutheilt, soll hier noch von der Ansicht Jägers in Lindes Zeitschrift (IX B, pag. 430) die Rede sein.

Nachdem vom Verfasser die Frage, ob ein Gesetz durch Gewohnheit aufgehoben werden kann, bejaht ist, führt er aus, dass es sich in der Codex-Stelle um einen concreten Fall handle, wo eine bestehende Gewohnheit oder eine ebenfalls noch gültige lex zur Anwendung kommen soll. Bei diesem Widerstreit soll für den einzelnen Fall die lex den Vorzug haben. Dies Dilemma ist ein nur von Jäger herbeigeführtes! Entweder ist der thatsächliche Zustand zu einem rechtlichen geworden, so dass sich jeder an die Ordnung gebunden fühlt, dann ist daneben kein noch gültiges Gesetz denkbar, oder die Macht des Gesetzes ist noch so gross, dass sich daneben keine Rechtsgewohnheit bilden konnte, dann ist eben neben dem Gesetz keine Rechtsgewohnheit möglich. Der wahre Gedanke, welcher dieser Anschauung zu Grunde liegt, ist der, dass die Macht der Rechtsgewohnheit viel langsamer zu Tage tritt als die Macht des Gesetzes, und dass der Richter nicht aus Zweckmässigkeitsrücksichten zu früh ein Gesetz nicht anwenden darf. Wollte man entgegnen, dass ja der Fall eintreten könne, wo die beiden kämpfenden Mächte, das Gesetz und das Gewohnheitsrecht, als völlig gleich sich gegenüber stehen, so dürfte dies immerhin sophistische Dilemma, von dem in der Stelle nicht die Rede ist, doch nicht unlösbar sein. Es würde, um ein Bild zu gebrauchen, nach dem Gesetze des Parallelogramms der Kräfte eine Abweichung in der Diagonale stattfinden, und in der That hat man diese Abweichung in der Praxis anerkannt und hat ihr, weil man meinte, dass weder der Name des Gesetzes noch der Gewohnheit dafür recht passen würde, den aus beiden Elementen gemischten Namen der Usualinterpretation verliehen.

Wir haben jetzt die Ansichten derer zu prüfen, die, von dem Satze ausgehend, dass Gesetz und Gewohnheit gleiche Kraft haben und sich aufheben, in der Stelle des Römischen Rechts kein Hinderniss für die Anerkennung dieser Wahrheit sehen. Es leuchtet ein, dass von diesem Standpunkt aus die Controverse an Bedeutung verliert, denn wenn man einmal die Antinomie als solche anerkennt, so ist dieselbe aus innern Gründen zu entscheiden, und diese sind nicht schwer zu finden.

Puchta behauptet, die lex spreche nicht von einem Gewohnheitsrecht sondern von einer Gewohnheit im natürlichen Sinne. Allein von einer solchen Gewohnheit könnte nicht gesagt werden, sie habe kein geringes Ansehen, auch spricht die Stellung der Stelle gegen Puchta's Ansicht Man braucht nur l. 1. cod. 8,53 und l. 3 cod. cod. zu betrachten, wo von einer Rechtsgewohnheit die Rede ist, um sich zu überzeugen, dass l. 2 cod. unmöglich ausser allem Zusammenhang von irgend einer gleichgültigen Gewohnheit sprechen kann. Aus demselben Grunde ist Kierulffs Ansicht abzuweisen, welcher nur an eine particuläre Gewöhnung Einzelner denkt. Nicht anders steht es um Böhlau's Meinung, der in seinem Mecklenburger Landrecht (p. 337.) äussert, man würde das Gesetz mit Keller als eine indifferente Bornirtheit auf sich beruhen lassen können, wenn sich nicht die Möglichkeit, aut rationem aut legem durch: „die Vernunft oder ein wie die Vernunft unabänderliches Gesetz" wiederzugeben, darzubieten schiene. Es ist hiermit nichts andres behauptet als dass Justinian nicht von einer eigentlichen Rechtsgewohnheit spreche, denn zu den Erfordernissen einer solchen gehört ja auch dies, dass sie mit den höheren Anforderungen der Vernunft, Sittlichkeit und Religion nicht in Widerspruch stehe.

Die mit dem richtigen Resultat der Gleichberechtigung des Gewohnheitsrechts übereinstimmende und die beste Lösung der scheinbaren Antinomie gebende Ansicht übersetzt die Stelle des Codex in folgendem Sinne: Die Rechtsgewohnheit hat zwar grosses Ansehen, aber sie ist nicht von solcher Bedeutung, dass eine particuläre Rechtsgewohnheit gegen ein **allgemeines, particuläre Gewohnheiten ausschliessendes** Gesetz bestehen könne.

Die erste Spur dieser Auffassung findet sich bei den Glossatoren, unter denen z. B. Bassianus behauptet, nur eine *generalis consuetudo* könne ein Gesetz aufheben. Auch Azo und Brunnemann verstehen die Codex Stelle im Sinne einer particulären Gewohnheit, aber aus dem irrigen Grunde, weil der Regent von dieser nichts wissen könne (cf. Azo summa in cod. l. VIII. p. 874 und Brunnemann comm. in leg. Pand. tit. III pag. 13.). Einer richtigeren Auffassung begegnen wir bei Donellus (comm. jur. civ. l. c. 10 pag. 23.); in der betreffenden Stelle soll nicht von einer concreten Gewohnheit oder einem concreten Gesetz die Rede sein, sondern die Stelle sage, eine *consuetudo in suo genere* sei nicht stärker als eine *lex in simili genere suo*. Daher könne eine *consuetudo populi Romani* eine *lex populi* abrogiren, nicht aber könne eine *consuetudo municipii* eine *lex populi* aufheben. Wir vermissen bei dieser Auffassung die Betonung des Umstandes, dass es nicht allein auf die Allgemeinheit des Gesetzes sondern auch darauf ankommt, dass das Gesetz ausdrücklich particuläre Gewohnheiten wie Gesetze verbietet. Auf einen ähnlichen Mangel stossen wir bei Savigny, welcher die Stelle mit folgenden Worten übersetzt: „Wenn eine particuläre Gewohnheit entweder mit dem Staatsintresse oder mit einem absoluten allgemeinen Landesgesetz in Widerspruch tritt, muss die Gewohnheit weichen."

Hier liegt eine Verwechslung zwischen absoluten und allgemeinen, ausschliessenden Gesetzen vor, was sich an Savigny's Beispiele vom Wuchergesetz beweisen lässt. Wenn ein absolutes Wuchergesetz aus dem Grunde erlassen ist, weil der Wucher der Nation als unsittlich erscheint, so gilt die particuläre Gewohnheit dagegen nicht, aber sie gilt nicht, weil das Gesetz mit einem höheren Princip identisch ist, und nicht etwa wegen der absoluten Form des Gesetzes; sie würde nur dann derogiren, wenn das sittliche Princip fehlte oder später weggefallen wäre. Anders verhält es sich, wenn das Wuchergesetz mit der Bestimmung erlassen wird, dass sich dagegen keine particuläre Gewohnheit so wenig wie ein particuläres Gesetz bilden soll.

In diesem Fall ist das Gewohnheitsrecht stets ungültig, weil der allgemeine Wille nie durch den besondern, sondern nur durch den allgemeinen Willen aufgehoben wird. Daher ist es unrichtig allgemeine und absolute Gesetze in dieser Weise zu verbinden. Der allgemeine Staatswille kann in absoluter wie in dispositiver Form das entgegenstehende Gewohnheitsrecht stets ausschliessen. Auch Windscheid versteht unter einem gemeinrechtlich zwingenden Rechtssatz (§ 18 u. § 30 Pand.) absolutes gebietendes Recht im

Gegensatz zum *jus dispositivum*, daher gilt gegen ihn dasselbe was gegen Savigny geltend gemacht worden ist. Als Resultat der Correctur der gemeinen Ansicht ergibt sich, dass, wie in den Digesten zugegeben wird, dass das Gewohnheitsrecht das bestehende Recht nicht nur zu ergänzen sondern auch aufzuheben vermag, so auch im codex dieser Ansicht nicht widersprochen wird, sondern nur der Satz aufgestellt wird: **gegen ein allgemeines Gesetz, welches das particuläre Gewohnheitsrecht ausdrücklich ausschliesst, kann ein particuläres Gewohnheitsrecht nicht bestehen, eine wie grosse Bedeutung demselben auch sonst zukommen mag!"** Dies Resultat ist ein befriedigendes zu nennen, einestheils, weil es die in l. 32 § 1 D. 1. 3. ausgesprochene und im objectiven Recht begründete vollständige Gleichstellung des Gewohnheitsrechts anerkennt, anderntheils, weil in jener Zeit, wo in dem Völkerchaos des Römischen Reichs particuläre Gewohnheiten sich reichlich bildeten, ein die Einheit des Rechts so scharf betonender Gesetzgeber wie Justinian leicht Veranlassung finden konnte, die Wichtigkeit jener gegenüber den sie ausschliessenden Reichsgesetzen ausdrücklichst nochmals zu betonen. Zudem scheint die Umgebung der Stelle darauf hinzuweisen, dass in ihr von particulären Gewohnheiten die Rede sei, denn sowohl l. 1. cod. eod. wie l. 3. cod. sprechen von particulärem Gewohnheitsrecht. Auch dürfte die **vermuthliche** Entstehungsgeschichte der lex auf particuläre Verhältnisse hindeuten. Am 9. März 319 erliess der Kaiser Constantin ein Verbot (cf. lib. XI cod. tit. LXII, 1.) gegen die coloni bei Carthago, welche sich, da eine Rechtsgewohnheit ihnen erlaubte den Acker zu benutzen den sie selbst gepflegt hatten, auch der bewässernden Quellen zu bemächtigen suchten. Wenige Tage darauf, am 25. April 319, sandte derselbe Constantin an denselben Proconsul Africas, Proculus, die bekannte Constitution. Es ist möglich, dass beide Stellen in irgend welchem Zusammenhang stehen, mehr als wahrscheinlich ist, dass auch die spätere an particuläre Verhältnisse denkt.

Zu betonen ist bei dieser Auffassung, dass die lex nicht etwa ausspricht: alle particulären Gewohnheitsrechte s i n d ausgeschlossen, sondern dass sie sagt: w e n n ein allgemeiner Rechtssatz dieselben ausschliesst, können sie nicht gelten! Dass derartige Fälle vorgelegen haben, dafür finden wir ein treffendes Beispiel in der lex 26 § 1 cod. *de usur.* 4,32. Nachdem hier die Höhe der Zinsen festgestellt worden, ergeht an die Richter das ausdrückliche Verbot, die gedachten Bestimmungen nicht etwa wegen einer Landesgewohnheit zu erhöhen.

Endlich dient für diese Auffassung das Wort ratio neben lex wesentlich zur Unterstützung. Indem der Kaiser jenen allgemeinen Ausspruch that, sprach er nur die Wahrheit aus: Der allgemeine Wille kann nur durch den allgemeinen Willen aufgehoben werden. Dieser Satz ergibt sich aber schon aus der Rechtslogik selbst. Das besondere Recht erscheint neben dem es ausschliessenden allgemeinen Recht als die sich dem objectiven Recht nicht fügende individuelle Freiheit und diese kann nach der herrschenden Rechtslogik keinen Anspruch auf Geltung machen; wenn sie sich nicht unterordnet, ist sie nichtig und *contra rationem*. Der Kaiser wollte vielleicht durchblicken lassen, dass er recht wohl einsehe, dass er mit dem erwähnten Erforderniss des Gewohnheitsrechts eine selbstverständliche Regel aufstelle, zu deren Erlass ihn nur der auf ihre Gewohnheitsrechte sich stützenden Provincialen trieb. — Es ist demnach wahrscheinlich, dass diese Auslegung der Codexstelle die richtige ist, es ist gewiss, dass sie zu der Natur der Rechtsgewohnheit am besten passt. Diejenige Auffassung, welche daneben noch möglich wäre, wäre diejenige, welche zu der Stelle einen andern Gegensatz ergänzt. Es heisst der Obersatz, welcher der Schlussfolge aus der lex zu Grunde liegt: Wenn ich zwei Kräfte, A und B, habe, und es wird von A behauptet dass sie zwar stark, aber nicht so stark sei um B zu besiegen, so folgt hieraus, dass B die Kraft A besiegt. So schloss man und schliesst man seit der Zeit der Glossatoren, weil man das Misstrauen gegen das Gewohnheitsrecht mitbrachte.

Wenn ich hingegen die obige Behauptung ohne Vorurtheil höre, so werde ich eben so gut daraus schliessen können, dass beide Kräfte gleich sind, weder A von B noch B von A besiegt wird. Zu den Worten *consuetudo non vincit legem* lässt sich ja ebensogut der Gegensatz denken *ergo lex vincit consuetudinem* wie der andre *ergo consuetudo et lex pares sunt, neque consuetudo vincit legem neque lex vincit consuetudinem*. Allein da man nicht gezwungen ist von diesen beiden Gegensätzen den letzten zu ergänzen, so behalten wir unsre Auffassung der Stelle bei.

So ergibt sich, dass der dem Wesen der Rechtsgewohnheit entsprechende Satz, dass Gesetze durch Gewohnheit aufgehoben werden, im Römischen Recht ausdrücklich anerkannt ist Auch spätere Reichsgesetze folgen diesem Beispiel (C. C. C. Art. 104. C. G. O. 1555, I, XIII, § 1. J. R. A. Art. 105). Demnach ist nach gemeinem Recht die Frage, ob Gesetze durch Gewohnheit aufgehoben werden, **unbedingt und ohne Einschränkung** zu bejahen. Ja würde nach gemeinem Recht ein allgemeines Gesetz erlassen, welches die derogirende Kraft des Gewohnheitsrechts ausschliessen wollte, so würde zwar die einzelne Rechtsgewohnheit keine bindende Kraft haben, sobald sich aber ein allgemeines Gewohnheitsrecht gebildet haben würde, welches dahin ginge, dass jenes beschränkende Gesetz nicht mehr bestehe, so würde jenes Gesetz derogirt sein. (cf. Windscheid § 18, Anm. 3.) Zuzugeben ist, dass gegen ein solches Gesetz die Bildung eines derogirenden Gewohnheitsrechts viel längere Zeit erfordern würde, als sonst.

Fragen wir, wie der Process der Derogation der Gesetze vor sich geht, so haben wir uns natürlich der Anschauung zu enthalten, dass dabei an eine absichtliche bewusste Auflehnung gegen gesetzliche Bestimmungen zu denken sei, welche das Verhältniss zwischen Regierenden und Regierten umkehren und nie zum Recht führen würde. Vielmehr bildet sich über die vom Gesetzgeber normirten Verhältnisse aus dem Kampfe der Intressen, Zweckmässigkeitsrücksichten u. s. w. eine gleichmässige Uebung, die sich allmählig unbewusst wiederholt, und durch die Macht des Gerechtigkeitsgefühls und der Zeit den Willen des Volks gefangen nimmt, so dass es sich an die thatsächlich vorhandene Ordnung des Verkehrs gebunden fühlt Von diesem Momente an ist die Gewohnheit das Recht selbst und das Gesetz ist derogirt, nicht durch den subjectiven Willen oder durch die mit der Rechtsüberzeugung verbundene Uebung, sondern einfach durch die Macht des objectiven Rechts. In der That würde ja auch, wer die derogatorische Kraft des Gewohnheitsrechts leugnen wollte, nicht erklären können, wie es kommt, dass zu allen Zeiten Gesetze durch Gewohnheit aufgehoben worden sind, auf der andern Seite würde er eingestehen müssen, dass demnach, wenn die Gesetzgebung niemals einschreiten wollte, ein Zustand möglich sei, bei dem sich Gesetz und Recht wie eine ewige Krankheit forterbte. Beispiele für Aufhebung der Gesetze durch Gewohnheit lassen sich für das gemeine Recht in Menge finden, ich erinnere nur an die Klagbarkeit der Verträge, die Auffassung der Spielschulden u s. w. Dass aber auch auf anderen Gebieten die derogirende Kraft der Gewohnheit auch in neuerer Zeit dieselbe ist, lehren uns Beispiele aus dem früheren Handelsrecht. So wurden die Wuchergesetze durch die Saldozinsen ignorirt, und die Verbote der Gesetze, welche keine Indossamente *in bianco* erlaubten, wurden unter Connivenz der Gerichte umgangen. Da es sich bei diesem Fall um ein verbietendes Gesetz handelt, wäre nach der früher gerügten Auffassung eine Derogation hier unmöglich. Allein wir finden bei Einert (Wechselrecht p. 126) erwähnt, dass trotz des strengen Verbots der Leipziger Wechselordnung in Leipzig unendlich viel Indossamente *in bianco* gegeben wurden und dass Sachwalter und Richter durch Usualinterpretation zu Hilfe kamen. Es ist eben nicht die Form des verbietenden Gesetzes, welches die Kraft der Gewohnheit auszuschliessen vermöchte, dies vermögen nur höhere über dem Recht stehende Principien.

Wir haben noch die letzte Frage zu erledigen, wie es um die Kraft des Gewohnheitsrechts steht, wenn die Gesetze die derogirende Kraft desselben ausschliesslich aufheben, wie es neuere Gesetze thun. Dem Einwand, dass für diese nicht das Römische Recht gelte, setzen wir entgegen, dass die derogirende Kraft der Rechtsgewohnheit sich schon aus der Natur des Rechts ergibt; da nun der letzte Grund derselben die Macht des auf dem nationalen Rechtssinn ruhenden objectiven Rechts ist, so muss sie für jedes Gesetzbuch dieselbe bleiben. Es sollen nun im Folgenden zunächst die Bestimmungen der Gesetzbücher, sodann ihre Berechtigung, endlich ihre Wirkung behandelt werden. Das Preussische Landrecht gesteht dem Gewohnheitsrecht nur suppletorische Kraft zu (Einleitg. § 3, § 4, Publ. Pat. VII.), soweit es nicht den Provincialgesetzbüchern einverleibt ist, das Gewohnheitsrecht kann also kein gegen die Bestimmungen des Landrechts verstossendes Recht neu einführen. (cf. Windscheid § 18. A. 4. Näheres bei Koch zu Art. I. P. P. A. 23, zu Art. III. P. P. A. 9, Förster L. R. § 16. No. 2 u. 3). Nach dem Oesterreichischen allgemeinen bürgerlichen Gesetzbuch § 10 wurde nicht nur die Bildung eines neuen Gewohnheitsrechts *contra* oder *praeter jus* untersagt, sondern auch alles ältere Gewohnheitsrecht abgeschafft, mit Ausnahme der Rechtssätze, auf welche sich das Gesetzbuch selbst berufen sollte. Nach Französischem Rechte sollen Rechtsgewohnheiten nur in Handelssachen gelten und auch da nur wenn die Gesetze auf sie verweisen. Demnach ist es erklärlich, dass auch nach Badischem Landrecht Rechtsgewohnheiten nicht gegen Gesetze sondern nur als Interpretationsmittel gelten. Auch nach Sächsischem Recht gelten Gewohnheiten nur als Interpretationsmittel für den Willen der Parteien. Eine eigenthümliche Behandlung lässt das Würtemberger Recht dem Gewohnheitsrecht zukommen, die Rechtsgewohnheiten treten nach ihm zwar vor dem gemeinen Recht ein, sind aber im Verhältniss zu den Landesgesetzen blos subsidiär. Nach dem Handelsgesetzbuch endlich derogirt das Handelsgewohnheitsrecht zwar das bürgerliche Recht nicht aber das Handelsrecht.

Fragen wir nun, ob diese Versuche das Gewohnheitsrecht in eine untergeordnete Stellung zu verdrängen, widersinnig sind, so ist dies gewiss zu verneinen. Wie das Gesetz als der unmittelbare Staatswille neben dem Gesetzeswort einer Zwangsgewalt bedarf, so bedarf auch die Rechtsgewohnheit einer Zwangsgewalt, und diese kann ihr nur vom Staate kommen Da man nun dem Staat als dem Inhaber der Zwangsgewalt die Befugniss zuschreiben muss, vorzuschreiben was als Recht gelten soll, so muss man ihm gestatten, vorzuschreiben dass nur seine Gesetze als Recht gelten Ob dieser Versuch an sich nichtig ist, bleibe hier ausser Betracht, so lange der Staat damit durchdringt und sein Gesetz erzwingt, gilt das Gewohnheitsrecht nicht. Daraus folgt keineswegs, dass der Gesetzgeber die positive oder, nach Wächter, die negative Ursache des Gewohnheitsrechts ist. Wie der Gesetzgeber nach dem Satz lex posterior derogat priori die einzelne Gewohnheit aufheben kann, so kann er auch die eine Rechtsquelle durch ein Gesetz verschliessen; wie das Gesetz, welches die einzelne Gewohnheit ausschliesst, so lange gilt als es erzwingbar ist, so gilt auch das Gesetz, welches die Rechtsquelle der Gewohnheit verschliesst, so lange als es seinen Willen erzwingen kann! — Hieraus ergibt sich, dass das eine Gesetz so gut Erfolg hat, wie das andere, es ergibt sich aber zugleich, dass auch der Erfolg des letzteren Gesetzes zwar ein langdauernder aber immer nur ein vorläufiger sein kann.

Es ist allerdings angesichts der Erfolge des allgemeinen Landrechts für die Preussischen Staaten und der andern Gesetzbücher nicht zu bestreiten, dass die Geltung des Gewohnheitsrechts retardirt und verkümmert ist. Wer aber blos aus dieser Thatsache schliessen wollte, dass der Gesetzgeber die Macht habe, durch diese Verbote das Gewohnheitsrecht selbst zu besiegen, lässt sich durch einen augenblicklichen oder scheinbaren Erfolg blenden. Wo es nach der vollendeten Codification die „mit tausend Augen versehene gesetzgebende Gewalt" als ihre Ehrensache ansieht, jede Bildung eines neuen Gewohnheitsrechts durch schnelle Erlassung eines Gesetzes zurückzudrängen, und wo diese Gewalt

mit dem Verkehrsleben der Gesellschaft durch tausend Fühl-
fäden verbunden bleibt, da werden die Intressen sich selten
zu einer Rechtsordnung objectiviren. Damit ist aber nur
zugestanden, dass es, gemäss der Natur des Gewohnheitsrechts, der Gesetzgebung möglich ist, kraft ihrer Macht die
Macht des Gewohnheitsrechts zurückzudrängen. Sobald aber
dem Gesetze gegenüber, welches derogirende Gewohnheiten
verbietet, sich die Rechtsgewohnheit gebildet hat, gerade
dies Gesetz als aufgehoben zu betrachten, ist die Derogation
dieses Gesetzes vollzogen; nicht das alte Gesetz sondern
das neue Gewohnheitsrecht ist nun das Recht an sich, an
welches sich das Volk gebunden fühlt. „Der Gesetzgeber
kann das bestehende Recht aufheben, aber er kann nicht
bewirken, dass bestehendes Recht nicht bestehendes Recht
sei!" (Windscheid p. 50. A. 3.)

Es sei gestattet hier das Bild der zwei Rechtsquellen
zu benutzen. Dies so unendlich viel gebrauchte Gleichniss
hinkt, wenn man nicht hinzusetzt, dass diese zwei Quellen
demselben Becken entspringen, denn Gesetz und Gewohnheit
entspringen der Macht des einen objectiven Rechts. Wenn
nun der Eigenthümer zweier solcher Quellen die eine Quelle
verschliesst, so wird sich der Wasserreichthum der andern
zudrängen; erweitert er die zweite Quelle und kommt dem
verdrängten Strome stets zu Hülfe, so wird die verschlossene
Quelle lange verschlossen bleiben. Allein der Eigenthümer
würde irren, wenn er glauben wollte, er habe die Macht
des Wassers besiegt, und er wird den Irrthum einsehen,
sobald er es unterlässt die zweite Quelle zu erweitern; dann
wird das gefesselte Element den Verschluss sprengen und
frei dahin strömen wie zuvor. Nicht die Macht des Ele-
mentes war besiegt, das Element war nur zeitweilig gehin-
dert eine Macht zu werden. So ist auch durch das Gesetz
im obigen Fall nicht die Macht des Gewohnheitsrechts besiegt, sondern das Gewohnheitsrecht wurde
nur zeitweilig verhindert eine Macht zu werden. —

Wollten die Gegner behaupten, dass ja der Staat auch
dann noch seine Anerkennung immer von neuem versagen

könne, so würde diese Versagung, ganz abgesehen davon, dass sie die Hauptaufgabe des Staates verletzt, doch zuletzt nichtig sein und wegfallen, denn die Macht der Gewohnheit unterwirft sich auch die Organe des Staats und mit diesen den Staat selbst, der trotz seiner Omnipotenz der Macht der Rechtsgewohnheit gegenüber Bewusstsein und Willen verliert. Vor dieser letzten Consequenz scheuen die Meisten zurück, welche die Lehre von der Rechtsüberzeugung und Uebung vertreten, und in der That lässt sich mit allen Auffassungen, welche auf der Vorstellung des subjectiven Volkswillens ruhen, dies Dilemma nicht überwinden, während es bei der Auffassung des Gewohnheitsrechts als eine objective Macht leicht zu beseitigen ist. Wie der Process vor sich gehe, dafür finden wir ein Beispiel bei Wächter in der Würtembergischen Rechtsgeschichte. In Würtemberg war die derogatorische Kraft der Rechtsgewohnheit aufgehoben, da aber die Gesetzgebung ihre Aufgabe nicht erkannte und keine neuen Gesetze erliess, so bildete sich erst ein abweichender factischer Zustand, der aber bald ein rechtlicher wurde, denn durch viele Volksgewohnheiten wurden ge- und verbietende Gesetze ausser Anwendung gesetzt, zuerst unter den Augen der Regierung, zuletzt aber unter der Theilnahme ihrer eigenen Richter. Es ist zuzugeben, dass die Nichtachtung gegebener Gesetze von Seiten der Gerichte ungesetzlich war und von den Parteien wie von der Regierung hätte gerügt werden können, es ist zuzugeben, dass dies *errore inductum* in den nächsten Fällen wieder beseitigt werden konnte, allein da das nicht geschah und der Gesetzgeber nicht einschritt, so wurde aus dem formellen Unrecht allmählig ein objectiver Rechtssatz, durch dessen Macht sich der Einzelne wie der Staat selbst gebunden fühlte.

Demnach haben wir die Versuche, die derogatorische Kraft des Gewohnheitsrechts für immer aufzuheben, als verfehlte zu betrachten, weil die Rechtsgewohnheit auch dieses Gesetz wie alle andern aufzuheben vermag. Das Recht steht nie still, während die Gesetzgebung das Recht nur feststellt wie es sich in einem gegebenen Zeitpunkt befindet; schweigt das Gesetz, so macht sich das „ewige Urrecht der Menschheit auf das Werden" in der andern Art des Rechts, im Gewohnheitsrecht geltend. Dass den früheren Gesetzbüchern bei der damaligen verfehlten Theorie des Gewohnheitsrechts und der falschen Forderung seiner Beweisführung aus ihrer Auffassung kein Vorwurf zu machen ist, bedarf kaum der Erwähnung. — Hiermit dürfte bewiesen sein, dass die Gleichstellung von Gesetz und Gewohnheit hinsichtlich ihrer Kraft, und die Möglichkeit ihrer gegenseitigen Derogation trotz allen entgegenstehenden Theorien von der Zeit der Römer an bis auf unsere Tage dieselbe geblieben ist und bleiben wird!

Die Opposition gegen diese Wahrheit verwechselt die Frage nach dem Umfang der Bedeutung des Gesetzes und der Gewohnheit für die Neubildung des Rechts mit der Frage nach ihrer Macht. Indem wir die Antwort auf die erste Frage für unsere Zeit suchen, werden wir in ihr die Versöhnung mit der, einem grossen Theil des geltenden Gesetzes widersprechenden Rechtsconsequenz und zugleich die Anforderung an eine künftige Gesetzgebung finden. Während nach der Ansicht der historischen Schule dem Gewohnheitsrecht für alle Zeiten der erste Rang zukommt, ist in neuerer Zeit eine berechtigte Opposition gegen die „Abgötterei" mit dem Gewohnheitsrecht eingetreten. Bei unentwickelten staatlichen Verhältnissen ist das Gewohnheitsrecht allerdings die einzige Quelle des Rechts, allein dieser Umstand gibt ihm nicht für alle Zeiten den Vorzug, vielmehr tritt es je nach Verschiedenheit der Volksindividualität bald mehr bald weniger in den Hintergrund, denn bei complicirten Verkehrsverhältnissen einer höheren Bildungsstufe währt der einer jeden Rechtsgewohnheit vorausgehende Kampf vielfach zu lange, als dass man sein Ende erwarten könnte, und das Volk sucht den Friedensschluss der Gesetzgebung. Ferner leidet das Gewohnheitsrecht vielfach an einer relativen Unvollkommenheit und besitzt nicht die allgemeinen Grundsätze des kritischen Verstandes. Auch lässt es sich viel schwerer als das Gesetz vom Richter erkennen.

Ausserdem beruht sein guter Inhalt nicht auf dem Verdienste der Gewohnheit, sondern auf der Gesundheit des nationalen Sinns, der sich aber fremdartiger Bestimmungen nie ganz zu erwehren vermag. Daher ist es natürlich, dass die reflectirende Nation bei dem wachsenden Bewusstsein von der Macht des Staats sofort dessen Willen als Gesetz anerkennt, und bei jedem Bedürfniss vom Staat ein klares Recht verlangt. Wenn nun ein Staat, der engste Fühlung mit dem Volksbewusstsein hält, jedem Bedürfniss durch ein Gesetz entgegen kommt, so ergibt sich, dass für ein solches Staatswesen die Rechtsgewohnheit nur eine sehr untergeordnete Bedeutung haben wird. **Sie wird also auch die Gesetze seltener derogiren, nicht, weil sie an sich zu schwach wäre, sondern weil sie augenblicklich nicht vorhanden ist!** Allein man darf nicht glauben, dass neben dem Gesetzesrecht heut eine Gewohnheit nicht mehr aufkommen könne.

Eine nationale Gesetzgebung muss dem auf dem nationalen Bewusstsein ruhenden Gewohnheitsrecht auch in unsrer Zeit freien Raum lassen, da es möglich ist, dass sich vor allem auf den beweglichsten Rechtsgebieten wie anderwärts eine nationale Rechtsgewohnheit bildet, ehe die bereitwilligste Gesetzgebung ein Gesetz erlässt. Die einzige Schranke, welche mit Erfolg dem Gewohnheitsrecht gesetzt werden kann, ist das Verbot seiner Ausartung und Zersplitterung. Die Neigung des Gewohnheitsrechts, sich möglichst mannigfaltig zu entwickeln, kann sich unter gewissen politischen Verhältnissen so weit steigern, dass alle Einheit des Rechtsbewusstseins verloren geht (cf. Leyser med. ad Pand. IX. I. Tom. I p. 87). Will daher unsere Nation sich eine Rechtseinheit schaffen, so kann sie diese nicht von der Rechtsgewohnheit, sondern nur von der Gesetzgebung hoffen.

Für diese Gesetzgebung ergibt sich nach dem Vorhergehenden die Forderung, mit Bewusstsein die Principien des Verkehrslebens zu erfassen und die Rechtsentwicklung auf dem Wege des Gesetzes zu fördern, entgegenstehende particuläre und zersplitternde Gewohnheiten aber auszuschliessen; dies Verbot wird von Erfolg sein, denn die Aufhebung dieses Gesetzes durch eine allgemeine Rechtsgewohnheit wäre zwar möglich, aber auch nur dann möglich, wenn die Nation das Bewusstsein der Rechtseinheit selbst aufgegeben hätte. D a n e b e n a b e r m u s s e i n e s o l c h e G e s e t z g e b u n g d a s G e w o h n h e i t s r e c h t im G a n z e n n i c h t w e n i g e r a l s d i e e i g n e n G e s e t z e a n e r k e n n e n u n d s c h ü t z e n! Neben einer solchen einheitlichen Gesetzgebung werden dann bald nur allgemeine Rechtsgewohnheiten entstehen, und sie wird nicht gezwungen sein, die selbstverständliche Nichtigkeit des sich gegen den allgemeinen Willen auflehnenden besondern Willens, die Unmöglichkeit des Particularrechts neben einem ausschliessenden Nationalrecht, noch ausdrücklich der Nation mit Worten ans Herz zu legen, wie sie Kaiser Constantin dem widerstrebenden Völkerchaos seines Reichs zurufen musste: *consuetudinis non vilis auctoritas est, sed non usque adeo sui valitura momento ut rationem vincat aut legem.*

Druck: L. Keseberg, Hofgeismar.